あなたがここにいることの意味

本郷綜海

Clover
クローバー出版

あなたがここにいることの意味

本郷綜海

20代で起業。クラブ、ヒップホップ、渋谷系音楽の黎明期に
シーンの拡大とメジャー化に貢献。

スチャダラパーなどのアーティストの所属する
会社を経営するとともに、
「今夜はブギーバック」や
芝浦の伝説のディスコなどの企画に携わり、

国内外のセレブなどと交流する日々だったが、
意識の目覚めを機に
所有していたものほとんどを手放し

スピリチュアルな旅へ。

帰国後は、
活躍するヒーラー、コーチ、アーティスト、臨床心理士など
癒しに関わる人たちの絶大な信頼を得ては
ヒーラーズ・ヒーラーと呼ばれるように。

その卓越したシャーマニックなヒーリングの力と、
存在、メッセージは、
人生を大きく変えると評判に。

パフォーマンスアーティストとしては
サンフランシスコベイエリアで
アナ・ハルプリンなどの作品に出演。

歌手としては村上ポンタ秀一氏などと共演を果たす。

パートナーの住むスイスと、ハワイ島、日本を
自由に行き来している。
趣味は野生のイルカと泳ぐこと。

1995年　某ヒーリングメソッドのティーチャー資格取得
2001年　バーバラ・ブレナン・ヒーリングスクール卒業
2010年　魂と繋がる歌の唄い方®創始

ねえ、あなた本当は神様だって知ってる？

わからない？

神様はあなたの中にいるんだよ、

なら、信じられるかな？

体は魂の神殿

深く繋がることで

魂とも繋がることができるの

あなたが本当は誰かということを

感じられるようになる、ということ

よろこびはいつだって最高の道しるべ

向かう先を、教えてくれる

本当の自分を見せるのって、恐いよね

だけど…大丈夫

きっともっと愛される

できる私じゃなくちゃ
愛されないと思っていませんか？
そんな思い込み捨てちゃえ！

そして今すぐ、そのままのあなたで
愛されちゃってください！
そっちの方が本当だから！

ひとりで生まれ、ひとりで死んでいく

なんて、人間のペシミスティックな嘘だよ

いつだってあなたの後ろに、

世代を超えて脈々と続く命がともにあるから

「私がやらなくちゃ」を手放して、
宇宙に抱かれてごらん
波に体を任せるように、
大いなる流れにサレンダーするの

理解できないからと云って
仲良くできないことはないよ

みんな違う人なんだから
わからなくって当たり前

それでも愛し合うことは、できる

あなたは誰かに嫌われるのと
同じ理由で他の誰かに愛される

「あなた自身」。それ以外、それ以上、大切な宝物ってこの世の中にある？

その胸に灯る情熱の火を二度と殺さないと、
私に約束して。生きて！

ナルシシズムの対極にあるもの

人の心からの無条件の愛情に触れると、人は強くなれる。
何かやる気が出る。それも、ごく、自然に…。

誰かをよろこばせるために自分を裏切ってきた人には、
誰もよろこばせなくても、価値のある自分を知るために、
ただ、自分のためだけに生きることを
自分に許すことは、大事なプロセス。

だけど、人間にとって、
誰かのために何かをしたいって、本当に、本当に自然なこと。
もちろん、「私が！」「私が！」というナルシシズムも、
人の成長にとって重要なフェイズだから、

それもゆるされていい。

だけど、そのままの自分を愛するということは、
ナルシシズム（自己愛）とは対極にある。

人は成熟することで「私」より大事なものを知るから。
（同時に自分以外本当に大切にできるものがないことも！）

それは、「私」の命の使い道を知る、ということかも。

もしもあなたの中に、両親との間で創られた
「神」や「人生」に関するこんがらがった思い込みがあると、
人生の目的や天命というものが、
天から課せられた重たい「義務」、いや、もっと！重たい、
まるで課せられた「罰」かのように感じられることもあるだろう。

「やらなきゃならない」と思うと辛いよね。

……違うんだよ。
それはあなたに与えられたユニークなギフトで、その使い道。

それは、あなたに素晴らしいよろこびと、
生まれたことの意味をくれるもの。

天職、魂の使命、情熱の発露、スピリット

「ダイモン」っていう言葉、聞いたことある？
天職であり、魂の使命であり、情熱の発露であり、
そこに宿るスピリット、みたいなもの…かな。

見つけた人はわかるのよ
これが自分の「ダイモンだ！」って。

もしも、あなたが
「見つけた！」「これだ！」と思えるものに出会えたら、
人生の幸福の半分は手にした、と思えるんじゃないかな。
ただし……それに出会っていながら
それを十分に表現していないと、

それは神聖なる「ダイモン」から、
あなたを苦しめる「デーモン」へと変わる。

それに出会っていながら（内心それを知っていながら）
「お金にならない」「仕事がない」と、
ブツブツ言っている人の多くは、
慣れ親しんだ場所から出ていくことを恐れて
動いていないだけなんだ。

そんな自分を責めるのはやめて
まずはやさしくしてあげて欲しい。
そして、少しでも勇気が出たら
そっと足を一歩前に出して、
夢の中に飛び込んで欲しいと心から思う。

飛び込んだあとは、結構コツコツなんだよ。
毎日、同じことの繰り返しだったりね。

場所がないとか、人が来てくれないとか、
どうしていいかわからないことも、
あなたにとっては、リアリティだと思うけれど、
創造的になってみて欲しいんだ。
案外、できることもあると思うよ。
今は、SNSで自分を表現して、他の人に見てもらうことが、
以前よりずっと簡単になってる。

かのエディット・ピアフ、フランスの世界的歌い手は
最初はストリートで歌いはじめ、
それからクラブの歌手になった。
あのピアフはストリートで歌ってたんだよ！

今は10億のグループ企業のオーナーとなった知人は
最初は2,000円でコーチングをし続けた、という。

私だってやり始めた頃は、
社員に、家族に、友人に、片っ端からお願いしては、
無料でヒーリングさせてもらった。

私は、お金がある方が素晴らしい、
売れている方が価値がある、という
考えの信望者では全くない。
だけどもし、あなたにお金がまわっていないとしたら、
もしかしたら、あなたがあなたの才能を独り占めして
誰とも分かち合っていないのかも。

それは、一種のケチだと思うの。

そして、あなたがケチになった理由は、
なんらかの過去から来た傷だったり、
そこからの思い込み、だったりするわけだけど、
いったいいつまで、その「傷」に
自分をルールさせるつもり？

「傷」に人生仕切られちゃっているつもり？
（だからといって、自分を責めなくってもいいよ。
　自分にやさしく、がいつでもはじまり）

私はヒーラーズ・ヒーラーとか名乗って
ヒーリングもするし、グループワークもするし、
それでお役に立てている実感もあるけど、
実際、まだ傷だらけでもある。

だけど、ある日、決めたの。

「傷」に自分の人生でやるべきことを邪魔させない、と。
「傷だらけ」のままでも、自分の人生を生きると。

そうしたら！
その覚悟のおかげで、随分癒されちゃった！　本当に。
だから…あなたも飛び込んでみない？　やってみない？

それは、ある人たちにとっては、
コツコツとやるべきことを続けることかもしれないね。
そして、何より大切なことは、どんな自分も受け入れ
愛すること。

最後にケン・ウィルバーの文章を貼っておくね。
あなたがあなたを生きることをご自身にゆるせますように。

「ぼくは自分のダイモンを見いだしていた。それは執筆だった。自分が何をしたいのか、そしてなぜそうしたいのかが正確にわかっていた。なぜここにいるのか、そして何を達成しようとしているのか理解していた。

執筆しているときのぼくは、それによってぼく自身のより高次の自己を表現しているのであり、そのことに疑いや引け目を感じたことはなかった。

ぼくは初めて出した本の中にこんなふうに記した。
『23歳のとき、ぼくは我が家にたどり着き、自分自身を見いだし、ぼくの目的、ぼくの神を見いだした』。ぼくはいまだかつてこのことを疑ったことはない。

（中略）

だがダイモンには、奇妙で恐ろしい面もある。
崇め、それに従って行動しているとき、ダイモンは実際に指導霊となる。内なる神が仕事にひらめきをもたらしてくれる。だがダイモンの声を耳にしながらそれを無視すると、ダイモンはデーモン、すなわち悪霊となる。つまり聖なるエネルギーと特質が退化して、自己破壊的な活動になると言われている。たとえばキリスト教神秘主義では、地獄の業火は神の愛の否定、デーモンにおとしめられた天使に他ならない、とされている。」

グレース＆グリット──愛と魂の軌跡〈上〉p.103

実現化から
自分を遠ざけて
いるもの

「何かを欲しい」という気持ちが沸き上がる。
それを100%善きモノとして認める。
それに手を伸ばすことを自分にゆるす。

手を伸ばしたあとは、自分の足でそれに向かって歩いていく。
伸ばした腕の中に落ちてきたそれを、ただただ、受け取る。

その気持ちを認めては、
本来の創造がなされることに自分を明け渡す。

すでにそれがあることを認め、それを味わい祝福する。
感謝する。

しかしながら、多くの人が、
「何かを欲しい」「ある状態が欲しい」と望み、
自分がそれを「欲しがっている人」、すなわち
それを「持っていない」「得ていない」人、という
自己認識を強化するような思考を、繰り返しては
実現から自分を遠ざける。

あなたは「神に近づきたい」と言い、
「お金持ちになりたい」と言い、それを実現する代わりに
その望みを語り、それを望む人になっては
手に入れることから自分を遠ざけて、
偽りの居心地のよさ＝慣れ親しんだ状態で居続けようとする。

あなたは欲しがる人でいたいのか、
それとも実際に手を伸ばして
欲しいモノを実現させる人になりたいのか。

または、自分の欲しいモノを認めながらも、
大いなる創造へと自らを明け渡す人でありたいのか。
そこんとこ、はっきりさせないと
いつも欲しい人、手に入らない人、になっちゃうよ。

それはそれで悪くない生き方。
欲しい気持ちを楽しんだり、妄想したりしていれば、
時間は過ぎていく。
グッドラック！

自分の傷を見て分析するよりも

あのね、一生懸命、自分の傷を見て自己分析するよりも
思い切って心のままに、「やりたいこと」の方へと
飛び込んじゃった方がはやく進めるよ。

別に、「はやく」進むことに
価値を置いているわけではないのだけれど。

傷を知ること＝自分を知ること、ではないんだ。
それを探求するのが道の人もいるかもしれないが、
それが本当のことからの、「防衛」というか
「逃避」になっている人もいるね。

できない理由の方にエネルギーを注ぐよりも、
どうしたらやれるかを考える方がいい。

それが、できない理由を見ることであったとしても、
それをこねくりまわすことは、あまり生産的とは思えないな。

生産的でなくてももちろんいいんだけどね。

だけど、あまりにもあなたが苦しそうだから。
ねえ、もう、思い切って、そう、いつも考えてた、あれ、
行動にうつしちゃう時期じゃ、ないのかな？

ねえ、そこのあなた！

ここで見ているよ

うっかりすると、
「そうじゃダメだよ、こうしなきゃ!」と言いたくなる自分がいる。
生徒さんたちや、お弟子さんたちにね。

もちろん、アドバイスをすることが正しいケースもあるだろう。
だけどほとんどの場合、何も言わなくていいの。
そう思った自分を省みては、また信頼を選ぶ。

好きにやってごらん。あなたにはできるよ。
そしてできなくたっていいんだ。あなたの価値は変わりはしない。
そのままのあなたを愛している。
ここで見ているよ。

「できない子」ごっこ

もうさ、わざわざ自分を低くするようなこと言って、
笑ってもらわなくてもいいんじゃない?

できる子でいいんだよ。
できない子でもいいのと同じように。

そして
今のあなたの「できない子」ごっこは
もうすでに嘘くさい演技になっているよ。
かえって感じが悪いほどに。

ねえ、そこから何を得ようとしているの?

あなたがあなたであること。
それが人より秀でて、目立っていたとしても、
誰もあなたをいじめたりしない。

万が一、そんなことがあったとしても、もう対応できるよね。
大丈夫。

捨てろ!

「ゆるす」と
いうこと

誰かを「ゆるす」のは、相手のためでもなんでもない。
あなた自身のためなんだ。

そして、あなたはいつか知る。

誰も悪いことなどしていなかったし、
悪いことなどされていなかった。

「ゆるす」ことなど何もなかった、ということを。

多くの人に
いい顔をするより

応援してもらおうと、多くの人にいい顔をするより、
多少の軋轢を生むようなことがあっても
「自分自身でいる」ことで、

長い目で見れば
信頼される人になると私は思う。

信頼されなくても、全然いいけどね！
第一、その方が、自分を好きでいられませんか？

新しい眼で

「自己責任」って、
軽はずみに他人に言っちゃいけない言葉だと思う。
本来は、自分の幸せを思い出すために自分に使う言葉。

例えば、心の状態や心理的課題が、
どのような病気を表すかなんて、
簡単に他人をジャッジするのはどうかと思う。
それが心の中だけであってもね。

もちろん、そういうことを教えている人が、
それを知りたい人たちに情報提供することは別の話。
そこには「同意」があるわけだし。

だけど、普通に生きていて、
病気があったり、苦しみがあったりする人たちを見て
「癌になったのは怒りがあるから」などと決めつけて、
人を見るっていうのは、本当に失礼じゃない？

何かの知識や、理解したつもりが、
自分の気づきと、他の人へのやさしい気持ちに
繋がっていないとしたら、
それはあなたの本当にしたかったことなのかしら？

これまで私は、
心のこと
体のこと
沢山学んできた。

そしてわかったことは、
私は本当に何も知らない、ということ。

沢山の知識を得てなお、
いつも眼の前のこと、
眼の前の人を、

新しい眼で見ていたい。

天職が見つから
ないのは？

「天職」をひとつの固定したもの、
すでにあるひとつの「職業」として捉えると

「見つからない！」と苦しくなる。

まだ「職業」の形のない、沢山のことに興味を持ち、
それを深めたくなった時、ただ受け入れていいんだよ。

今、ここにある望みに従うことを、自分にゆるせば
自分でも想像だにしなかった才能が現れる。

そして、時にそのバラバラに見えたモノが、

ある日ひとつの創造として現れる!

最初からどんなものができるかわかっていなきゃ、と
固執するのは可能性を狭め、器を小さくするね。

わからなくていい!
よろこびに従え!

Follow your bliss!
(ジョセフ・キャンベルの言葉)

幼い欲求との付き合い方

人は成熟すると、
自分と異なる意見や習慣を持つ人とも
葛藤なく関わることができるようになる。
相手の意見や習慣を尊重することができるということだ。

おわかりかと思うが、「尊重する」ことは、
相手のそれらに迎合することでもなければ
自分の考えをひっこめておくことでもない。

ただ、自己主張の必要性から解放されているので、
わざわざ自分の意見を押し売りしようとはしない。

自分と違う意見を持つ人の言葉に耳を傾けてみると、
思ってもみなかったことが見えてくる。

興奮するほど面白いこともしばしば。それには、
人の話を聞く力を身に付ける必要があるかもしれない。

さて、自己主張の必要性の向こうには、
「わかってもらいたい」
「しかも、ぴったりと正しく自分の考えている通りに
　理解されたい」
という思いが眠っている。

そして、それは実はとても幼い欲求だと私は思う。

おむつが濡れているのか
おっぱいが欲しいのか
はたまた、だっこして欲しいのか
ぴったりとわかった上で面倒見て欲しい、赤ん坊のように！

幼い欲求が悪いわけではない。
そういう未熟な欲求を持った自己や相手を
ありのままに認め、受け入れることで、
それは自然に成長していく。

または、こうして私のように自己表現をしては、
それを受け止めてもらい、時に理解、共感してもらうことで、

成長させてもらっているというところもある。

意見や習慣が違う人とも葛藤なく関われる、と
最初に言ったが、それらが違うゆえに、
親しく付き合うのはあまり楽しくない、と感じることもある。

お互いを受け入れ合うにしても、
無理がありすぎるのは健全でない。

私生活において、そのようなことがあった時、
正直に事情を話して、関係性に距離を持たせたことがある。

それは、相手を嫌うということとは全然違う。
仲が悪い、ということとも。

ただ、これ以上親しく付き合うことを好まない、
それだけのことだ。

この感じは他の人には理解しづらいようで、
それぞれの思い込みに即したレッテル貼りをしているらしい。

それはそれで興味深いことだ。
それぞれがひとつの出来事をどう見るか、ということね。

人間 LOVE。

利益をあげなければならない？

「利益をあげなければならない」。
その思い込みとプレッシャーが
あなたを変えてしまったのかもしれない。

組織に属していて、それをしないということは、
「負け」を意味することになりうるからね。

だけど、仕事をする、ということが、
そのことと＝（イコール）になるのは
なんだか貧しくないか、と私は思うのだ。

かつて、あなたには愛するものがあったはず。

何かをこよなく愛し、こんな仕事がしたい、という
心からの憧れもあったはず。

確かに、あなたは利益をあげることができるようになった。
組織での地位も上がり、尊敬してくれる人も出てきたね。

だけど、あなたの魂は知っている。
こんなことをするために生まれてきたわけではないことを。

老後まで待てばいい。
それからでも遅くはないさ。

無意識のうちに、あなたはお金と安定のために
自分を裏切り続けて、魂の呼ぶ声に気づきもしない。

いつからでも遅くはないさ。
老後まで待てばいい。

その時には貯めたお金と年金で
自由に好きなことをやれるから。

わかっているのに行動していないとしたら

もしもあなたが、どうしたいのかわかっているのに
行動していないとしたら、
あなたはあなたの時間の進み方を
愛しているのかもしれない。
今の人生を愛しているのかもしれない。

何ひとつ変わることなく、あなたもあなたの人生も美しい。
たった今、それを祝福しよう。
頭の中にしかない未来に翻弄されるのは今日でおしまい。

さよなら、なりたい私。
ただいま、そのままの私。

そこから、あなたはあなたの本当の望みを生きる。
それが何かわからなくてもいい。

もういちどあなたに還れば、
すでに知っているあなたに戻る。

闇もまた光の姿

闇もまた、光の姿であり、
闇はその対極としての光が本来の光へと還っていくためにも、
奉仕している。

それは、人類が自分たちに仕掛けた壮大なゲーム。

そこで遊ぶもよし、
一抜けするもよし。

抜けなくちゃ、とあがくと苦しいよ。
ゲームだと頭で言い聞かせて、
命を生きることをやめるのも、ね。

今に気づいていよう。
体という魂の寺院を通して。

そして不完全な自分をゆるそう。
そこに完全性を見出そう。
愛し慈しもう。

あなたは悪くない。そして誰も。

ピンと来ない言葉

ピンと来ない言葉がふたつある。

ひとつは、「自分と向き合う」。

そこには何か、「こうしなきゃ、ああしなきゃ」、「成長しなきゃ」といった、重苦しくマゾヒスティックなモチベーションが隠されているようで、私には合わない。

「自分に向き合う」ことで、見えてくるものもあると思うけど、時間がかかりそうだし、そこで溺れている人も見かけるね。

人生には、自分とがっぷり四つに向き合う時期があっていい

のかもしれないが、私は必ずしもそうでなくていいと思う。

代わりに、「自分を見ている自分」を育てて、「自分を眺める」スキルを身に付けた方が合理的だ。

その最初の一歩が、私の教えているグラウンディング。
自分と深く繋がりはじめると、自分と「考え」「感情」の間に「隙間」ができはじめる。そして、眺めている方の「自分」に、より自分自身としてのリアリティを感じるようになる。

自分の身に起きていることでも、どこか客観的でいられるようになるから「選択の余地」が生まれる。

それは、自分を自分の考えや感情から「切り離す」こととは違う。全然違うの。前者には命あるものとしての生き生きとした体験がそこにある。

もうひとつ、違和感のある言葉が、「寄り添う」。

私の仕事を見た人や、ワークショップを体験してくれた人からも、わりとよく聞く言葉なのだが、私は一度も、「相手に寄り添う」ことが大事、と表現したことはない。

「寄り添う」という言葉に、一抹の気持ち悪さを感じてきた。
それは、どこかやさしくていい人に見える反面、相手の力を奪うようなニュアンスをもまた感じるのだ。

そもそも、クライアントさんや他の誰かを、「寄り添う」必要が
ある人と見ることがおかしいと思う。

代わりに私は「一緒にいる」という言葉を使う。

あなたが何千年にもわたるカルマの苦しみを感じている時で
も、喪失感に壊れそうになっている時でも、私はあなたに寄り
添ったりしない。

ただここにいる、一緒にいる。
自分と一緒に、あなたといる。
それだけ。

あなたに起きていることを眺めながら、感じながら、
自分に起きていることを眺めながら、感じながら、
ただ一緒にいる。

もしも、あなたが私のクライアントさんや、生徒さんだとしても、
あなたには私と同じだけの力があることを、いつも私は知って
いる。

だから決して私はあなたに寄り添ったりはしない。
あなたを見ている。あなたと一緒にいる。
自分を裏切ることのないままに。

こっそり相手から もらおうとすると

断られたり、相手に図々しいと思われるのが嫌だから、
冗談にしたり、まわりくどい言い方をして、
こっそり相手からもらおうとすると、
相手は「奪われる」と感じて逃げていくかも。

自分の中にある恐れと一緒にいながらも、
正直に伝えてみれば?
「教えて欲しい」「して欲しい」って。

もしかしたら、「いいよ!」って、簡単にもらえることも!
そして……ダメでも、最悪断られるだけ。
最悪、嫌われるだけ。

で、本当は断られるのが恐いんでも、
相手にどう思われるのかが恐いんでもない。

その相手の反応や、
あなたが受け取れなかった現実を、
あなた自身がどう感じるか
あなたがあなた自身をどう感じるかが嫌なだけ。

大丈夫。慣れる。
そして、すぐに本当のことに戻れるようになる。

誰が何をしてくれなくても、誰に何を思われようとも、
あなたはあなたのままで何の問題はないし、
もっと言えば、いつだってあなたは愛されている
という本当のことに !!

あなたはあなたのままでいい

あなたはあなたのままでいい。
そう思えないからと、くっ付けてるそれや、
そう感じられないからと、外に求めてるあれを
捨てる勇気を持てばいいだけ。

そして、言うのとやるのとは大違い。

わかってるよ。
愛してるよ。
もう1人の私。

刑務所はいつか

「バチがあたるから」「自分に返ってくるから」という理由で、
悪いことをしないようにと躾けたり、矯正したりするのは
もう、やめたほうがいいと思うな。

罰で脅し、罪で苦しめることで償わせようとすることも。

「悪い」ことを、そうと知っていながらするというのは、
内なる神、自分の本質への抵抗。

大人でも、子供でもね。

そしてそれは、今生においては両親との関係から出来ている。

人が抱く神のイメージはいつだって親との関係の移し鏡。
愛されていることを知らないままなんだ、親にも神にも。

「悪い」ことをするということは、何か傷ついていて、
「自分が本当に求めることがわからなくなっている状態」の
「外へと助けを求める表現」。

もしくは、「悪いと思っていることをすることそのもの」が、
「すでに自分を罰していること」だと私は思う。

人が本当に求めることは、いつだって
「ありのままの自分で愛されたい」とか、
「ちゃんと見ていて欲しい」とか、
「一緒にいて欲しい」とか、とてもシンプル。

必要なのは、「理解しようとする意図と態度」と同じく
「共感」そして「慈悲、慈愛の心」と「癒し」。

刑務所はいつか本当の自分を忘れた人たちが、
それを思い出すための癒しの場所になる。

その前に、家庭が癒しとやすらぎの場でもありますように。
よろこびとその分かち合いの場であるとともに。

面白い形で起きる抵抗

あなたが何かを掴もうとしにいく時に、
あなたのまわりから抵抗が起きることがある。

子供が熱を出す、飼い犬が病気になる
残業を頼まれる、家族の用事ができる、などなど。

あんなに変わりたくてやりたかったはずなのに、
あなたはあっさり諦めて、
さっさと抵抗に自分を明け渡してキャンセルする。

仕方ないよね、事情が事情。

だけど、もしも……、
あなたがあなたの世界の創造者だとしたら
そろそろ内側を見る時じゃないかな?

あなたが欲しいそれを掴むのを、
あなたのものにするのを、
あなたがどれほど恐れているか、ということを。

そしてその下に眠っている、目覚めつつある
莫大なギフトを!!!!

それは、内側に意識を向けて、ふとした気づきを得るだけで
変化してしまうこともしばしば!

諦めるな!

内に目を向けよ!

あなたは変われる!

あなたを不自由にするもの

あなたが両親との課題からある程度自由になっていない限り、教師や上司をはじめとする権威的な立ち場の人間への、転移、つまり、憧れや崇拝といった、ポジティブな感情から変質するネガティブな感情がつきまとい続ける。
それはあなたを知らず知らずのうち不自由にする。

それらへの反逆は、あなたを自由にしてくれている感覚を味わわせてくれるかもしれないが、反逆することが目的となり、本来の自分のやりたいことを見失うこともある。

あなたは悪くない

「させた」ってことはないよね。
本人が自由意志で「した」んだ。
嫌だったら断ればよかっただけだから。

自由意志のある大人のしたことだから
「させた」と謝ることはない。
たとえ相手があなたより力のある人でも。

あなたは何が欲しいかを伝えて
相手は与えることを選択しただけ。
あなたは悪くない。

言っておくけれど

私は自分が、
競争大好き、お金大好き、強欲で、見栄っ張りで、
目立ちたがりやで、嘘つきで、なんとか勝ちたくて、
人より優れていたい、ということを、

それほど隠すつもりはないよ。

それほど、って言ったのは、
少しは隠したいのも本当だから。

ただ、それ以上に
純粋さ、本質的な美しさ、神聖さ、善なるものへの

憧れの方がちょっとだけ強いだけ。

だから私は、不完全な自分を認め、
ゆるし、愛しながらも、心を浄化しては、
もっともっと美しさへと、本当のことへと
安定して戻っていきたいと切望する。

それは、垣間見させてもらった、
世界の本当の姿へ完全に戻りたいということかもしれない。

それは、懐かしい故郷であり、
永遠の母の胎内でもあって。

お金を沢山稼ぐことの方が正しい？

お金を沢山稼ぐことの方が、
そうでないことよりも正しいという考えは、
清貧の方がお金を稼ぐことより正しい、というのと
なんら変わらない。同じコインの裏表。

お金を持っているかどうかと、人の価値は全く関係ないよね。

お金持ちの方が豊かな心を持っている、というのは、
お金持ちは自分勝手で悪いことをしてきた、というのと
同じように幻想だね。

人の本質はみんな、無垢で豊かで美しい。

ただ、それを忘れている人と
それなりに思い出せている人の違いくらい。

お金にコンプレックスがあると、
ついついお金のある人を
自分より優れた人として力を与えたり、
傲慢で自分勝手な人として反感を持ったりと、
振り子の触れた反応になりがちで。

これもどっちも一緒だね。

それでも、誰かに憧れることや
ロールモデルにすることが、
あなたのパワーになるのなら悪くない。
この人生という壮大なる人体実験場で、
好きに自由に、なんでもやってみればいい。

ただ、その好きもまた、両親からの呪縛を解いたつもりが、
別のそれを創り出しただけなんていうこともある。

どうぞ、あなた自身の中にこそある知恵に繋がって、
何があなたを本当に幸せにするのかを知ってください。

誠実だからこその不器用さ

誠実だからこその不器用さ。

スピードが速くて、要領のよさを求められる現代では
生きづらさを感じる人もいるよね。

だけど、見ている人はちゃんと見ている。
あなたがどれくらいのパッションを傾けて
それに取り組んでいるかを。

だから焦らずに、コツコツと、行こうね！
必ず伝わる！

ハートの感覚って

ねえ、ハートの感覚って甘いんだよ。
しかもメチャメチャ。

それを味わうために特定の相手が必要なわけじゃない。
出会う人たちと、毎回、毎回、
恋に落ちるかのように好きになっちゃう。

そう、
そのままのあなたをそのまま見せてくれたなら、
あなたに恋に落ちない人なんていないくらいなんだ。

何が本当か

どんなことでも、「必ずそうでなければならない」
「いつもそういうものだ」と思い込まない方がいいよね。

自分の見ている現実なんて、自分のものでしかない。

何が本当かなんて、私には全然わからない
ということを踏まえた上で、
その瞬間に自分にとって本当のことを分かち合い続けている。

時に、自分の意見が
世界で一番正しいと錯覚したりしながら！

「断れない」と「断らない」

「飲みたくないもの」「食べたくないもの」が出てきたら、
ただ断ればいいだけ。

その時、私が「ごめんなさい」と口にするのは、
相手の好意を受け取らないことに対しての礼儀
社会性からで、罪悪感からではありません。

仕事や人間関係を円滑にさせておくため、
自分の評判を守るために大切だという理由から、
本当は欲しくなくても「断らない」という選択も
あなたにはできるのです。

「嫌だ。そして、自分のためにやる」
という選択ですね。

中には、それを「断れない」と感じて
自分をごまかそうとする人もいるみたい。

それは、
「嫌なことを他人のためにする」
「他人のためにするのは嫌だけど、それを嫌がっているのを
　気づかれたくないので、ごまかそうとする」、
どちらにしても、他人に力を明け渡している状態です。

「ノー」と言うのが恐いのですか？
そのことによってあなたは何を失うと
思っているのでしょうか？

そして、もしも、あなたが本当にしたいことをすると、
何かを失う確率が高く、そのリスクを避けたいのなら、
「自分のために」「ノーと言わない」
「選択」をすればいいのです。

この違い、重要です。
わかるかな？

あなたはもっと求めてもいい

あなたが自分の心の望むことを求めては
得る方へと動くことを自分にゆるす姿は、
ある人たちからは滑稽に見えるかもしれない。

年相応、分相応、生まれ育ったところの風習や、
家族の期待するもの、そして常識。
その中にいることが安全だと信じる人たちには
夢を生きるあなたのその姿は、
馬鹿馬鹿しく見えるかもしれない。

だからどうした?
お金のため、将来のため、人に笑われないために、

あなたは生まれてきたの?

あきらめるために生まれてきたの?

人生というこの広大な遊び場の
ほんの小さな砂場の中で、
堅実という砂のお家を守り続けたいの?

それはそれで、悪い人生とは確かに言えない。
あなたがそれで満足しているならね。

だけど、もしも心のドアを内側から
ノックしている何かがあるのなら、その声を聞いてあげて。
外に出してあげて。

あなたはもっと求めてもいい。

かつて、全身で母を求めた幼児の頃のように、
あなたは両腕を伸ばして
求める方向に歩いていっていい。

本当の音を聞いている

雑音を雑音として聞き取りながらも、
惑わされずに静寂を聞いている私がいる。

僕はここにいるよ、生き残りたいんだ、と
あなたが叫んでも叫ばなくても、
私はいつだってあなたについての
本当の音を聞いている。

愛しい人よ、あなたは確かにそこにいて、息をしているね。
そして、愛され、生かされているね。
それは永遠に終わらない。
ともに思い出すために、ここで出会った。

「傷ついた」と感じた時は

「傷ついた」という想いって、他人の言葉を自分の中に取り込んでしまったり、他人の行為を、自分に向けてされたと誤解することで起きると思うの。

それは実際、お辛い感じがすることでしょうし、体感を伴う「痛み」として、経験されているかもしれません。

そして、私はそれを「反応」だと思っているんです。

つまり、誰かの言葉や行為を、あなたが「個人的に受け取った」ことで、あなたの心に「痛み」や「悲しみ」という「反応」「感情的反応」が引き起こされた、ということ。

「傷ついた」という言葉の中には、誰かの言葉や行為によってそうなったという「被害者意識」があるように思います。

しかもそれには、ときどき誰かを悪者にし続けたいための「頑固さ」さえ感じる方もいます。自分にとってのリアリティへの「執着」というか。

もちろん、自分が何を感じるかを信じることは大切です。
しかし、あなたの「反応」が客観的事実だとは限りません。そして私の提案は、自分が感じていることをなかったことにすることでもなければ、感じることを抑圧して「いい人」になることでもありません。

自分の感じていることを認めては、感じることを自分にゆるしながらも、それが自分の反応であり、自分の中に何がしかの「種」があるから「それ」があるのだ、ということに「責任」を取ることをはじめてみて欲しいのです。

「責任」＝「自分のせい」ということではありません。

「責任」とは「自分のものだ」と認めることで、自分の中にこそ「力」があるということを認め、「自分の力を取り戻すこと」です。

それは、起きることへの反応を自分のものとし、それを自分が変容させることができるのだ、ということを知ることです。

もしも、あなたが誰かの行為や言葉に「傷ついた」と感じているとしたら、まずはそう感じている自分を認め、それを感じることを自分にゆるし、自分にやさしくしてください。

そして同時に、それが自分の「反応」であり、自分のものだと認めてください。その反応を信じ続けているのは、自分以外の誰かに「力を渡してしまうこと」だと知ってください。

あなたが何を感じていても、あなた自身の「力」とともにあることはできるのです。

今日もあなたがいい日をお過ごしでいらっしゃいますように！

どこから動くのか

意識のパワーを知らない人の言葉に
惑わされてはいけないよ。

祈り、言霊、あなたの心を整えること。
よろこびの中にいること。

あなたにとって本当のことをすればいい。
そうでないことはしなければいい。
動くことでも、動かないことでも。

ああじゃない、こうじゃない、と
批判的な発信をする人たちに惹かれるのは、

あなたの過去の両親との関係から来ているのかも。

自分の本意でもないのに、
「いい人でならねばならない」
という罪悪感から動かなくていい。

あなたはあなたに本当であればそれでいい。

そして、そこから現れる本当の動きに従えばいい。

身体は
嘘つかない？

「身体は嘘つかない」って、大嘘だと私は思っている。

嘘をつかないほどの精度の高い身体を
それほど多くの現代人は持っていないということ。

「体が欲している」と感じることの中には、
単なるこれまでの習慣の積み重ねから
来ているものもあることだろう。

普段から自分の気持ちに繋がることができず、
それを抑圧してきた人たちは、
抑圧解放への衝動を心の声だと錯覚する。

もちろん、それも嘘ではないだろうし、
捉え方だとも言えるが、
その下にもっと深い本当の心の声がある。

それを、身体を通して感じられるためには、
まず身体の外側についた固い殻のようなものを取り払って
より深い自己と繋がる必要があるだろう。

「自分がやりたい」と心底思っていることなのに、
身体は「いやいや、絶対いや！」
「やりたくないったら、やりたくないっ！」と反応することもある。
またまた身体は嘘つきだ。

そんな時には、
その瞬間の身体の衝動をちゃんと拾ってあげさえすれば
インナーチャイルドの記憶がやがて解放されては、
本当の望みを知ることができるだろう。

毒のある人

毒のある人というのは、
これ以上あなたをコントロールできないのだとわかると、
他の人があなたをどう見るかを
コントロールしようとすることでしょう。

その誤った情報をフェアじゃないと感じるに違いありません。
しかし、それを超えていてください。
他の人たちにも
じきに真実が見えることを信じていてください。

ちょうどあなたに、それが見えたように。

そっとしておいてあげよう

人が何を信じているか、何を大事にしているか、
あなたにとって、それがどんなに馬鹿馬鹿しくても、
たとえ家族でも、第三者が奪い、
それを取り上げようとしてはいけないんだ。

ライナスって知ってる？　ピーナッツ・コミックの。
そう、スヌーピーのね。
彼の毛布と彼は一体化しているの。
毛布なしでは彼ではないと感じるの。

時期が来るまで、そっとしておいてあげよう。
温かな気持ちで、ね。

考えることをやめられなかったのは

あなたがずっと、考えることをやめられなかったのは、
感じるのが恐かったから。
この世界を安全だと感じられなかったから。

どうしていいかわからなくていいんだよ。

もう「考えること」で「自分」の世界を
コントロールしなくていいんだ。

あなたはあなたと一緒にいるだけでいい。
ちゃんと答えが現れてくるから。
目の前のたったひとつとして。

よろこびに従いなさい！

あなたがよろこびに従い、
ずっとそこにあった、あなたを待っていたその道に
自分を置くことをゆるすと、
自分が生きるべき人生が
今、生きている人生なんだということに気づく。

それが見えるようになるとあなたは、
よろこびのオーラの中にいる人たちと出会いはじめ、
彼らがあなたのためにドアを開けてくれるんだ。

言いたいのはね、よろこびに従いなさい、
そして恐れるのはやめるんだ、ということ。

もしも、あなたがよろこびに従うと、
ドアがあったなんて気づきもしなかった場所に扉が開く。

ジョセフ・キャンベル。
ジョージ・ルーカスが講義に感銘し、
キャンベルのまとめた「英雄の旅」の構造を
そのまま「スターウォーズ」に転化して
成功を収めたと言われている高名な神学者。

宇宙人が人間にコンタクトをして、
「ワクワクすることをすればいい」ということを広める
ずっと前から、
この方は世界中の神話を調べては、
上のようなことを語ってらしたのです。

「よろこびに従って生きていいんだ」
「そうしなさい」
「自由に生きていいんだ」
ということを、
いろいろな形で言ってくれている。

「本当にやりたいこと」を選択することを
ご自身にゆるして欲しいのです。

心配を手放し、信頼を選んでください。

行動しなくちゃ、はじまらない？

これは半分本当で、半分嘘。

これといって行動しなくたって
お財布買って眺めているだけだって
豊かになれる可能性はあるよ。

だって可能性って本当に無限なんだから。
ただ、そっちの方が行動するより難易度が高い、
ということね、実は。

あと、同じ行動でも、「やらなくちゃ」という
無価値観とか劣等感からのものもあれば、

すでに満たされている、という前提から生まれるものもある。

マザーテレサだって、ネルソンマンデラだって、
イエスキリストだって、行動したからね！

でも、どっちだっていいんだよ。
ただ、それが劣等感からだったり、
無価値観からだったり、
恐れからだったり、

そんなことに気づいたら、
自分にやさしくしてあげればいい。
「ああ、そうだったんだね」と。

「どんな自分でもいいんだよ」
「やってもやらなくてもいいんだよ」
「どうやってもいいんだよ」って。

私たちは自由なんだから！

あなたが
愛されるわけ

そのままのあなたでゆるされる、ということは、
あなた自身「だめだ」と思っているところが
ゆるされるということに留まらない。

とびきり素晴らしいけど、自分にさえも隠している、
そのままのあなたでもまた、ゆるされるということ。

輝いていいんですよ。輝きのままのあなたでいていいんですよ。
そのままでゆるされて、愛されていいんですよ。

あなたがただ生きてるということだけで。
あなたがあなただということだけで。

主人から僕(しもべ)へと変わる時

いくらうまくできても、やりたくもないことを
お金のためにやっていると、
少しずつだけど、心が重くなっては
生きることのよろこびから遠くなっていくよ。

それは、あなたと家族に明日のご飯と
身の安全を約束してくれる気がするだろうけど、
本当だろうか。

あなたが旅することを求めてやまないのは、
そんな自分の心から
自分を解き放ちたいからかもしれないね。

明日の予定もわからないようなきまぐれの中であなたは、
見えないからこそ、見えてくる何かに
身を任せたいのではないかしら。

前兆など読まなくていい、未来を捨てよ。

いや、それはいつだって、
今ここにしかないことを、
知る場所へと戻ることを自らにゆるせ。

エゴが主人から僕へと変わる時、
あなたの本当の旅がはじまる。

「やらなくちゃ」と思った時は

迷子の子供のような気分になっている。
どこに向かっていけばいいかわからない。
何をすればいいのか、わからない。
母を捜してもどこにもいない。

いない。

そして、私は目が覚める。
「どうにかしなくちゃ」「私がやらなきゃ」
という悪い夢から。

どこにも向かわなくていい。
何もしなくてもいい。

母なるものはいつもここにあり、
私はそれとひとつだという、
本当のことへと目覚める。

私はわからないままに、
この瞬間へとくつろぐことを自分にゆるす。
いくつもの「やらなくちゃ」を手放す。

この瞬間には、
いつだってやらなくちゃならないことなど何にもなくて、
ただ完全で美しい今があるだけ。

そして、その瞬間から立ち上がる内側からの動きに、
ただただ、

従うだけ。

まわりが自分を
理解してくれない
と感じる時に

まわりにいる人が自分を理解してくれないと、嘆く気持ちがあるのなら、まずはその自分にやさしくしてあげて。

それから考えてみて欲しい。

もしかしたら、あなたの方が相手を理解しようとしていないのかもしれないと。「相手がありのままの自分を愛してくれない」「自分の世界観を認めてくれない」という方が実は、一方的に自分が相手を変えようとしているかもしれないということを。

あなたがありのままの自分を認め、ありのままの相手を認める時、他の人も知らず知らずのうちに、ありのままのあなたを認

めてくれるようになる。そして、自分が本当に自分を認められると、他にそうじゃない人がいても気にならなくなる。

私のまわりにいる人の中には、私のやっていることなんて全然わからないだけじゃなく、ぶっちゃけ詐欺に近いくらいに思っている人もいるけど（笑）、だからといって、その人たちと過ごす楽しい時間に大きな影響を与えているとは思えない。

例えば、私の彼だって、スピリチュアル関連の私の信念に関しては、少し頭がおかしいくらいに思っているかもしれないし、私だって彼のこと、頭の固いわからずやだと思っているところもあるけれど、それ以上にお互いの価値観を尊重しているので問題は起こらない。

相手の価値観を尊重する＝賛同する、ではないよ。
ただただ、相手はそう思っているんだな、ということを認めること。それだけ。そのことで出てくる相手への嫌悪があったら、それは自分の課題だと認めるだけ。

もうひとつあげると、自分と異なる考えの人と一緒にいるのは面白いので、自分の価値観を押し付けたりはしない。それでも、議論になることがあれば自分の意見ははっきり言う。

相手に自分の価値観を批判されていると感じる時、実は自分の方こそ批判して、相手を変えようとしているのではありませんか？

創って、いいんだよ

例えば、あなたの
猛烈に創りたい、という動機づけが、
何かを猛烈に壊したい、というところから
来ていてもいいじゃないか。

その力を知らず知らずのうちに抑え付けていると、
そうしたいと思っていないのにも関わらず、
大切な人や大切な人たちとの関係を
壊してしまうことになるかもしれない。

または、自分を壊すことに向けられては、
病や怪我を創り出すかもしれない。

戦ってもいいんだよ。
前に向かって進んでもいいんだよ。
創って、いいんだよ。

大きな作品を描こうとしたら、
当然部屋だって汚れるだろう。

散らかることを恐れて、絵を描くのをやめるような
そんな馬鹿なことはもうやめにして、
もう一度キャンバスに向かおう。

ジャッジをした時に

誰もが、みな自分こそが正しいと信じたがっている。
自分が間違っている、という主張も含めて。

その裏にあるものは、根深い罪悪感や劣等感だ。

誰も悪くない。

みんながそれぞれのベストを一生懸命生きている。
ハートの目で見れば、いつだってそれが真実なのに、
そのことを私は繰り返し忘れる。
そして、私の方が正しい、と言いたがる。

なんてこった私のエゴよ。
愛しき勘違いよ。

自分だけがホンモノで
自分だけが正直で
自分だけが正しいと信じ、
自分は偽物で
自分は嘘つきで
自分は間違っていると、
密かに信じている。

面白いね、不思議だね。

ジャッジはやめて（ジャッジに気づいて）、
気づいているだけでよしとすると、
新たな動きが内側から現れる。

それは、私の、世界の、真実を歌う声。
すべての命の営みを、讃える声。

それは、やがて私の体中に、
広がってはすみずみまで満たしていく。

おかえりなさい。
ありがとう。

魂への裏切り

お金儲けが悪いわけではない。

お金を儲けるために
意図的にでも無自覚のうちでも、
本当の自分を裏切ることが、

知らず知らずのうちに、
あなたの魂を傷つける、というだけだ。

怒り狂う神、
嫉妬する女神とは

神は何かというと怒り狂い、
女神たちはすぐに嫉妬にかられては競争する。
世の東西を問わず、神はそのようにも描かれている。

そして、それはそのまま人間が
社会に適応するために、
自分から覆い隠している自己の深層の一部の姿である。

だからこそ、文学やテレビドラマで
それらが生々しく描かれては人をひきつける。
それでも見る人は、
それらが自己の中にあるとは認めない。

新しい自分が生まれようとする時【新月のメッセージ】

新しい自分が生まれようとする時。
それが生まれて、
小さな子供のような無防備さのままでいる時。

過去のあなたの幻影を、もう一度演じるようにと、
無意識のうちに圧迫する人たちが
いるかもしれない。

あなたの一部は、
そこに戻らなければ愛されないと、再び刺激されては、
今ここにある
新しい自己を表現することへの欲求を、

無意識のうちに抑圧しようとするかもしれない。

目覚めていてね。
より本当のあなたへと花開いていくあなたよ。

それは、古いあなたを振り切って
過去のあなたを切り離すということでも、
過去のあなたでいる要求を呑むことでもない。

ただ、今ここから現れる
自分の内にも外にもある波に乗ることをゆるし、
楽しむことを自分にゆるすということ。

おめでとう!
新しいあなたよ!
あなたは、いつだって、いつだって、祝福されていたのだ!!

ありのままの
世界とただ
ともにある
ために

何かをできる人にとって、
それができない（と思っている）人のことが
理解しがたいのは仕方がないことだ。

そしてわざわざ公で「理解できない」と口にすることは、
何かその人の心にひっかかるものがあるのではないかな。
それには、ふたつの異なる心のあり方がある。

ひとつは、できない人を（無意識のうちに）見下げ、
優越している状態。
もうひとつは、相手との違いが理解できないという
ニュートラルな認識。

その場合だと、理解できないに留まらず、
純粋な好奇心や興味を持つことに繋がることも多いと思う。

自分と他人を分けて考えられるのは、
人間として健全な精神を持っている
機能するポジティブな自我を持っている、ということだ。

が、人間の進化はそこがゴールではない、と私は思う。

自分と他人のことをはっきりと分けることができながら、
他人の痛みや弱みを、分離することなく、
ともに在れるということ。

「可哀想」でもなければ、
相手のものを引き受けて感じるのでもなく、
ハートを開いてともにある、コンパッションの状態。

別の言い方をすれば、
ありのままの相手とありのままの自分で、
ともに存在している状態。

ある人たちにとって、他人の苦しみや弱みは、
「自己責任」という名の他人事や、
「自業自得」という名の懲罰思考ほど幼稚ではないにしろ、

「パンがなければお菓子を食べればいいじゃない」と

言い放ったマリーアントワネット的、盲目的なナイーブさが
自身に内在しているゆえとは気づかないことも多い。

それどころか優越し、他人を見下げることで、
更にその優越した状態を、
上手に現実に創造する力もあったりするから始末に悪い。

外に見る影が、実は自分自身のことだと
認める強さがある人たちは、
影をそのままに愛し、
更に抱きしめれば抱きしめるほど、
自分の問題を解消、昇華していくものです。

私も内省して、更なる自己責任を取ることへと動こう!
もっと私を、もっとあなたを、
もっと世界を愛するために!

ありのままの私と、ありのままのあなたと、
ありのままの世界と、ただともにあるために!

責任の本質

諦めることが、癖になっているんだね。
自分に力がある、ということを忘れてしまったんだね。

あなたの力は、何十億分の一かもしれないけれど、
それでも足すことも引くこともできない、正真正銘の一なんだ。
その一をどう使うか、あなたには責任がある。

責任って、本質は「やらねばならない重荷」ではなく、
あなたに力がある、ということ、
その力を自分に所有させることをゆるす、っていう
ことだと思うの。

そして同時にね、より高い視点で見れば、
より大きなものの前に私たちは力なんてなくって
みな無力なんだ。

それは実はとてもやさしい、温かな場所。

自分にはできることがある、という場所と、
自分には何もできることなどない、という場所と、
そのふたつが矛盾なくあるところ。

言葉で言うとわかりづらい。
だけど、体感として知ってもらうところからはじめることを
私はコツコツ続けるよ。

それが私の力の使い方のひとつだから。

夢を叶えるために生まれてきたわけじゃない

私たちは夢を叶えるために生まれてきたわけじゃない。
今ここにない何かや、自分じゃない誰かになるために生まれてきたわけでもない。

途上国（この言い方自体気に入らないが）の子供たちに、将来の夢を語らせるコマーシャルを見ては胸が痛んだ。

「パイロットになりたい」「歌手になりたい」。

そして、彼らがその夢を実現することのできる確率は、いったいどれくらいの確率だろうと考える。ご存知の通り、それで生計を立てるのは本当に狭き門なのだ。

人間の持つ無限の可能性を信じていないわけではない。
私たちはなんにだってなれるし、なんだってできるのだ。

しかしながら、多くの子供たちには、それを実現するための道のりも教えられていなければ、障害に出会った時の心の持ち方や解決の仕方についても教えられていない。

叶え方も教えないままに、「夢を持て」とだけ教えることは残酷ではないだろうか？

学生時代が終わろうとする頃、はじめて自分が社会の一員としてどう生きるかを考えはじめる。いや、その時に考えることのできる子供たちはラッキーだ。多くは、そのような考えを持つこともないままに「就職」という宗教へと、いとも簡単に入信してしまう。

そもそも、子供は本当に「夢」を持つ存在なのだろうか？
「大人になったらああなりたい」などと考えるものだろうか？

小学校の卒業アルバムに、将来の夢を書くページがあった。私は「歌って踊れるテレビの人気者、歌手、お嫁さん」と書いていた。そして、その時実際には、「将来何かになりたい」などという強い気持ちなどは、なかったように思う。

他の子たちはどうだったろう？　少なくとも私の場合は、大人がしつこく聞くので、出てきた答えを適当に言っていただけのよ

うな気がする。そしてその適当に言ったことが、大人になっても心の中に眠っていた夢だった、と気づいたのは面白い。

親が子供の未来を決めて、子供のうちから英才教育を施すことがある。多くの音楽家をはじめとした芸術家は、そのようにして、子供が意志をはっきりと持つ前に将来を決められる。

それが幸運なことだ、という考えもあるが、それが苦しくてたまらなかったと野村萬斎さんが言っていたのも聞いたことがある。

運命?　世の中はわからないことだらけだ!

そして、なんとか自分を納得させるために、誰かの仮説を採用しては、その場だけの安心をしてみたりする。仮説にすぎないというのに!

ひとつの事柄に関する仮説は、一度証明されたものがあっても、時間の経過とともに、新たな仮説へと塗り替えられる。「地球は四角い」とされていた時代だってあったのだから。

私たちには無限の可能性がある。そして、それを信じて動く前に、することがある。それは限界を知ること。自分の限界をはっきりと認識することなく、それを広げることはできない。

お金がない、時間がない、自信がない、才能がない、努力

ができない、ただただ自分には無理、理由は何でもいいよね。
そう思っている自分を認めることからはじめる。それでいい。

パイロットになるにはこんなに勉強することと、しかるべき教育
を受けることが必要なんだよと、どこかの時点で誰かが言わな
ければいけない。そして、それと一緒に、君がもし本当にそれ
を望むのならやれるよと、全身全霊でそれを信じてやる人、い
や、その未来を見続ける人がいて欲しい。

そしてもしあなたが大人なら、自分が自分のためのその人に、
その1人に、ならなければならないのだ!!

物事は簡単にできていい! 反面、あきらかに反復練習の必
要なモノもある。人の脳というのは、慣れていないことをやる
ことを困難だと感じる。だから慣れるまでは、苦しくてもやるし
かないという時期もある。同時にそれが「苦しいものだ」と決
めつけないように! 楽しくてもいいのだ!

やがて、あなたは波に乗る。
素敵な波に出会うための沖に出ていくパドリングが、大変に感
じることもあるけれど。

そこから見える景色はいかがかな? サーフボードの上から
のね。あなたは自分の足で立ち、波を味方にしている。

風景が流れていくね。最高だ!

承認欲求？
悪くないよ

承認欲求？　悪くないよ。
いいじゃない、認めて欲しいならそれを求めても。
認められたくて頑張っても。

だけどね、知っておいて欲しいのは、
私たちが自分の外の誰かに承認を求める時はいつだって、
その相手を「両親」の代わりにしてしまっているということ。

子供のあなたはかつて、
「うまくできたでしょ？」「よくやったでしょ？」と
両親を見上げては、
その瞳の中に無条件の愛と承認を探した。

もしも、あなたが幸運な子供時代を経ていたとしたら、
お母さんは、そのあなたを絶対的に肯定して
ただただそこにいたことだろう。

必要な時には承認の言葉をかけてくれ、
いつだって、あなたから目を離すことなく
あなたを見守っていてくれただろう。

世界で一番大切な宝物のように
扱ってくれたことだろう。

だけど、私たちの多くは、
子供の自分が欲するだけの注意を
向けてもらえなかったか、
欲しいだけの承認をもらうことができなかった。

自分であることを練習する子供時代に、ね。

だから、今でもあなたは、
外の誰かに無自覚のうちに母を、父を探す。
見ていて欲しい、認めて欲しい、と。

認められればよろこび、無視されれば悲しむ。
当たり前の感情のように思うかもしれないけれど、
これは、本当に育つことのなかった
子供のままの意識なんだよ。

もしも、自分がそうしていることに気づいたら、
そんな自分にやさしくしてあげて欲しいんだ。

外に欲しがっている承認を、
自分が自分にあげて欲しいんだ。
外に向かっていた、そのことに気づいて
自分のところに戻ってきてあげて欲しいんだ。

声をかけてあげるのもいい。
「よくやったね」「よかったよ！」とかね。

あなたがあなた自身を認める時、
欲しがっていた外からの承認を、自分自身に与える時、
それがあなたの中で育った時はじめて
映し鏡のように、外の世界に、それが現れてくる。

だからといって、
欲しいものはいつだって取りにいっていいんだよ。

自分で自分にあげなきゃ、と思うあまりに、
または、承認欲求だからといって、
「やりたい！」と感じる行動をやめなくてもいいんだよ。

あなたを承認したいという人たちからの気持ちと言葉を、
受け取ることを拒否することも、いらないんだ。

憂鬱に
なった時には

たとえ、それがいいことであっても、
人生を大きく変えるような出来事が起きそうになると
憂鬱になる、という時期があった。

憂鬱だけじゃない、悲しくもなるのだ。
それはどこか「別れ」の悲しみに似ていた。

私たちの多くは「変わりたい」と言いながら
今いる場所から出ていくことをどこかで恐れている。

そこがどんなに居心地悪かったとしても
慣れ親しんだ場所を離れることを恐れ、

嫌がる自分がいるのだ。

それはまるで、どんなに虐待的な場所でも、
住み慣れた家や家族から
離れることができない子供時代のように。

新しい場所に希望が見えないわけではない。
むしろ、そここそが希望の現れ。
それでも私は涙を流し、
自分の弔いをするかのような気分になる。

久しぶりに憂鬱になっている。
いいことばかりが起きているというのに。
あえてこの憂鬱のままでいることを自分にゆるしてみている。

私は自分の人生が好転していくのを嘆き、
本当に欲しいものが手に入ることを嘆き、
本来の姿を知られること、見られることを恐れる。

そして、その後ろには、それらにまつわる、
ネガティブな思い込みがあった！

私は目を閉じて自分の内側を感じてみる。
その思い込みが形成される元となった、
傷ついた子供の自分が現れる。

「1人でやりなさい」「お姉ちゃんなのだから」と
言われては感じていた不安や寂しさを
1人飲み込んだ、小さな私が、
ポツンとそこに立っている。

そして、できるようになればなるほど、
「孤独」になっていった記憶が体感として現れる。
大人の私は、その子の横に黙って立ち、
誰にも握られることのなかった小さな手をそっと握る。

「もう大丈夫」
「一生離さない」

行き先がわからないままでいい。
引っ張っていかなくてもいい。
ただそばにいればいい。
今度、頬を流れる涙は安堵のそれだ。

すると、傷ついたままで育つことのできなかった
内なる傷ついた子供が、少しずつ成長していく。育っていく。

だからといって、それを成長させることが目的じゃない。
一緒にいる、とはそういうことではなく、
「受け取る」ということにまつわること。

別の言い方をすると、ありのままの私で価値があるということ。

それが私を強くする

私の中には、何もかも丸ごと、
身も心も魂も深く深く愛された、という記憶がある。

それが、親でもなければ
神でも、飼っていた犬でもなく、
1人の不完全な人間、男性のやり遂げたことだと思うと
なんてすごいことなんだと尊敬してしまう。

体という変わった制限を通して、
私たちは、引き合う魂を寄り添わせては、
至福の中で何度もひとつになった。

その生のよろこびの中で、
死ぬことも辞さないほどの明け渡しを知っただけでも、
この命の意味があったと思うほどに。

それは、恋の熱情が消えたあとにも、
味わいを変えては繰り返し現れた。

たとえ、人生の中で2人が別の道を歩くことになっても、
この体験という記憶と繋がりは、時を超えて
永遠に続くであろうということを私は知っている。
それが私を強くする。強くしている。

愛されたこと…無条件に何もかも。
それが私の根源的な乾きと恐れを、すっかり癒した。
それに出会えたから、私は人生という冒険の海へと、
もう一度漕ぎ出す勇気を得た。

そんな愛が、関係が、あるなんて、
想像だにできなかったあの頃。
飛び込んで丸ごと味わってみるまでは。

今思えばものすごい幸運なこと。
そのような愛に出会えたこと、あまりにも不十分なままの私で。

まるで事故や天災みたい。
自分のコントロールを全く超えている、という意味で。

最悪、楽しかっただけ

将来何かに役立てよう、
なんていうケチ臭いことを考えないで、

心から楽しんだ、夢中になったこと、
その経験は、必ずあなたの血となり肉となっている。

つまり、それはあなたの将来に、
役立つだろうということだ。

もし、そうじゃなくたって、
最悪楽しかっただけ、くらい（笑）。

「自己責任」

あのね、「自己責任」っていうのはね、
「自業自得」とか、「自分のせい」という意味じゃない。

起きた出来事に対する思考や感情を
「自分のものだ」とすることで、
「自分の力を取り戻すこと」だから。
「選択して変える力が自分にはあるよ」っていうことだから。

反省したり、罪悪感を感じたりする必要はないよ。

そのことで気づきが促されて、
変容が起きうる可能性にオープンでいてください。

「やりたいことが みつからない」

「やりたい」というのは、頭で分析せずにただ感じるもの。感じてしまうものなんだ。状況とか、能力とか、リソースとか、そんなことをぶっちぎって、なぜだかわからないけれど「やりたい」って感じてしまうもの。

そのためにはまずね、とにかく「自分と深く繋がる」ということが不可欠なの。「やりたいこと」っていうのは、あなたの外側にはないのだから！

身体を通して自分の心と身体と魂と繋がる。
すると！　嫌でも、やりたいことが現れてくるよ。

社会的に見て、お金のために「やっておいた方がいいこと」じゃなくて、あなたが生まれてきたからには、もうこれをしないと死ぬ（笑）、というほどの「やりたい」衝動がきっと隠れている。

もしかすると、最初の「やりたい」は、あなたの大本命の人生使命ではないかもしれないけれど、それを行動に移すことでまた次の深さのものが現れる。

さて、私は常々、あまりに多くのことが「心理」で語られすぎてしまうと思っている。それは確かに使える比喩ではあるし、それで人生の質が向上する人たちも確かにいる。

だけど私は、「心理」だけでは語れない、もっと深いところに課題はあって、そこに働きかけることの方がずっとはやいと思っている。

その答えは「身体」。心理っていうのはどこまで行っても「言語」を使う。その言語を獲得する以前の段階で起きたことが、心理を創る大元になっているのだ。ざっくり言うと、身体の作りや生理状態のこと。

それが心理を生む土台になる。
だからそこに働き掛けるワークをしているの。
歌ったり、踊ったりも含めてね。

光よ！

「自分の仕事は、部屋の外に出るまでに、
自分の気分をよくしておくこと」と言った人がいた。

彼はヨガをしたり、瞑想をしたり、逆立ち、気功、
なんでもよろしい、とにかく自分の気分をよくするために
できることはなんでもする、と言うのだ。
毎日。自己規律を持って。

この言葉と行為の深さがわかるだろうか？

あなたは今のあなたの状態にふさわしいものを引き寄せる。
それは、あなたの今の状態が、

あなただけでなく、この世界そのものをどう創造するか、
ということでもある。

だからといって、世界を背中にしょって、
その責任の重荷に苦しめと言っているわけではない。

自分にできること、自分の力の小ささを認識しながらも、
自分でできることの大きさも知って、
実際それを使うことを自分にゆるそうよ、ということだ。

世界を変えたい、世界に貢献したい、と言っている自分が、
自分の気分を変えられなくてどうする？

変えられない時があっても、もちろんいい。「人間だもの」。

ただ、あなたは、そのための一歩を踏み出しただろうか？
そのために「時間を取って」あなたが面倒を見られる
たった1人の人間、「自分」のケアをしてあげただろうか？

たったその瞬間にそれを怠ることで
気分の悪さは上塗りされ、
それはあなたをより不健全な行動へと導き
負のスパイラルへと陥れる。

それでも、あなたにとってのそれは、
あり地獄のように足下に口をあけては存在し、

あなたは、それに抗えないかのように感じている。
それは本当だろうか?

時に落ちていくのもいいだろう。
地獄を見たからこそ見られる天国もある。
だけど、あなたはいつだって、
あなたの見ているリアリティを変えることができるのだ。
ただ「行動」によって!

グラウンディングする、お風呂に入る、
冷たいシャワーを浴びて叫ぶ、タオルたたきをする、
足をバタバタさせて感情解放をする、歌を歌う、
ヨガ、気功、大音量で音楽をかけてダンス、
助けてくれそうな人に、片っ端から連絡を取って
話を聞いてもらう、などなど。

少なくても心の外側のゴミは取れたはず。
うまく行けば根っこから変容できる時も。

しかし、一瞬の気分のよさもつかの間、
もしかしたらあなたは、
更なる心の闇に呼ばれるかもしれない。
闇の中からあなたを嘲笑しながらも誘う、
魔物の笑い声が聞こえるようだ。

だけどちょっと待って!

なぜその闇はあなたを呼ぶのだろうか !?

それは、あなたというヒーローによって
救われることを待つお姫様。
または、母を訪ねて故郷へ戻りたがっている迷い子。

変容され、光へ戻され、すべてが透明に戻っていくための
宝物の隠し場所としてそれはそこにある。

鍵は、あなただけが持っている。

それは、いつだってあなたには、
あなた自身の現実を変える力があるということだ。

それは、いつだってあなたは、
本当のことへ戻れるということだ。

それは、いつだってあなただけへの、
ギフトを内包している、ということだ。

あなたに見えてきた闇は、そこへの招待にすぎないことに、
やがてあなたは目覚めていくことだろう。

光よ！　そして闇は消えた。

その間、闇が光に変わり、透明になるまでに、

行動したり、心の中を眺めたりしなければならないのは、
私たちの多くがまだ時間という幻の中にいるから。

時間という概念から自由になればなるほど、
それはすぐに起きることを経験しはじめる。

グラウンディングしただけで一瞬で変容する!
古い自己認識から見たあなたは驚く、
奇跡のようだ!　と。

もう1人のあなたは知っている。
そっちの方が普通なんだと。

「恐れ」はいつだって、エゴの戯言、幻

「恐れ」はいつだって、エゴの戯言で幻。
それがどんなにリアルに見えても。

エゴはあなたに「死ぬぞ」と脅す。
全身の体感を通して、これこそが真実だとあなたに迫る。

そして、私は知っている。
その恐れが死に潰（つい）えた時、
本来のあなたへと生まれ変わるということを。

だから私は、絶対と言える。
死ぬことも辞さないほどの信頼で背中から落ちる時、

もはや眼で確かめようとすることすらできないほど…、
落ちる暗闇の谷間（だと思っていた場所）に、
神の手のひらが現れては、あなたを宙で受け止める。

私は、あなたが体感でそれを知り、
思い出すための代理人となる。

それだけのこと。

神はそのために、
私に世界の本質を見せてくれたのだと思う。

やがて、それはあなたのものとなり
日常と非日常的日常において、
あなたの魂が心から望む冒険を
当然の権利として行使するようになる。

それは、あなたがいつだって飛べるのだ、跳べるのだ、
ということを知ることからはじまり、
実際、時に転んでは起きながら信頼を深めていく。

あなたはもう、恐れがあなたの敵ではないことを知る。
頭だけでなく体のつく嘘と、本当を見破れるようになる。

そのお手伝いをさせてもらえるために、
私は、私のエゴの理想と計画を何度でも捨てる。

己の真実を選べ！

もしも、あなたが私の子供だとしたら、
生きたいように生きて欲しい、と
心から願うことだろう。

世間体や、一時的な嵐を避けて
上辺の平穏を選ぶような生き方より、
馬鹿と言われても、失うものがあっても
トコトン好きに生きて欲しいと心から願うことだろう。

本当は問題なんてないんだよ。
世界には答えしかないんだ。
その欲しい答えを生きることを選ぶ以外に

魂の満足はあるのだろうか？

犠牲に犠牲を重ねていると、それがあなたの普通になる。
あなたの見る世界はいつだって
そこから創られていくことだろう。

靴を脱いで、服も脱いで、世界に己をさらしても、
そこにあるのはいつも、
ただただ、あなたが愛されていることだけ。

もっと愛されたいか、愛されていることを知りたいか？

だったら、「自分」というコントロールを捨てることだ。
「先のことを知っていなきゃ」という、コントロールを捨てること
だ。

あなたは背中から落ちていく、
信頼という愚かさの名のもとに、
エゴは奈落と呼ぶその場所に。

そして、恐れからの叫びのそのあとで、
体がいまだ浮いていることを知るだろう。

己の真実を、

選べ！

わきまえてる、って
どこか悲しいね

わきまえてる、って大人として素晴らしい態度だけど、
わきまえてる、ってどこか悲しいね。

私も結構やっちゃうな。それを褒める人もいる。
だけど、もっとバカと呼ばれてもいい。嫌われてもいい。

それは、背中を向けた母の後ろ姿を
諦めないで追い続けるようなものかも。

振り向いた母の顔色を見るのをやめては、
大好きだと言い続けることかも。

テキトーに
やりたいことを
やりなさい

人間のマインド、それがクリエイトする現実は面白いもので、私がひとつのことにフォーカスした途端、関連するような情報が面白いようにタイムラインに並びはじめる。

そうして読んだ記事の中に、「『本当にやりたいこと』を探すのをやめて『テキトーにやりたいこと』をやった方がいい」というものがあった。

「本当にやりたいことは何か」なんて考えるからわからなくなる（これも一理あり）。自分はいつだって「テキトー」にやりたいことをやってきた。それで自分の今がある。そうおっしゃる。

おそらく、この方はご自身がどれくらい幸運なのかが、わかっていらっしゃらない。

20代から30代の半ばまで私は、本当に自分の好きなことしかやらなくても、いい感じで食べていける人たちのまわりにいた。その人たちのほとんどが、「自分の本当にやりたいことはなんだろう？」なんて悩むことなく、10代の頃から好きだったことを、それこそ「テキトー」にやっているうちに、その道を究めちゃったような人たちばかりだった。

例えば、私が経営していた会社の所属アーティストだったスチャダラパー。素人のDJコンテストに出たのをきっかけに、学生の延長みたいな感じでメジャーな音楽シーンに入った。

たぶん彼らは一度だって、「自分の本当にやりたいことはなんだろう？」と悶々としたことなんかないと思うのね。

もしあるとすれば、それは毎日の音づくりとかステージづくりの中にあって、職業そのものにはなかったのではと思う。彼らは40歳も後半の今もなお、ラップ、ヒップホップして生計を立てている。

例えば、知る人ぞ知るオピニオンリーダー藤原ヒロシくん。
この人とは本当に仲良くしていた時期があるんだけど、とにかく、やりたいと思ったら次の瞬間にはもうやっている、そんな人ね。

それが、家電を買うでも、イグアナやアライグマを飼うでも（今は美術品とかビンテージとかになっているらしいが）、音楽作品を創るでも、グローバル企業のコンサルをするでも、同じ軽やかさでやっちゃう。

私の知る限りだけど決断はいつだって一瞬で、「やりたいか、やりたくないか」それだけしかない。自分の興味のあるものすべてが仕事になっちゃう。

そして！　そういう人は、実は特別なんだということを、私は業界の外に出てから知った。銀のスプーンをくわえて生まれてきた人たち、少なくても私にとってはそう見えた。

貧困の苦しみでパンも手に入れられない状況の庶民たちのことを、「パンがなければお菓子を食べればいいじゃない」と言い放ったマリー・アントワネットよろしく、「本当にやりたいこと」なんて考えてねーで「テキトー」にやりたいこと、「テキトー」に好きなことをやればいいと言っている向こうには、それにちょっと似た何かがある。

そもそもですね、テキトーに好きなこと、テキトーにやりたいことなら、とっくにやってんだよ!!!!
それじゃ満足できない何かがあるから、そんな人生に飽き飽きしているから「本当にやりたいこと」を見つけたいんだろ〜！
または、やりたいことがあっても、わかっててもやれねーから悩んでんだろ〜！

そのテキトーに好きなことさえわかんねーから困ってんだろ
〜！　わかってんのかよ〜！
……私がお手伝いできるのは、こういう人たちだ。

なぜなら、私こそがそういう1人だったから。

エゴイスティックでものすごくワガママで、好きなことをだけをして生きているように見えて実は、自分が本当にやりたいことから長年目を背けて、他の人のために生きた。

そして、そのストレスを享楽と贅沢で埋め合わせた。
買い物と美食とデート、ね。
自分が本当にやりたいことをやらずに生きてきたんだ、ということに気づいた時にはショックが大きすぎて、しばらく立ち直れなかっただけでなく、つい最近まで、無念さで胸が痛むような思いが、ときどき溢れ出てきては、泣けたほど。

「やりたいことで食べていけると夢にも思えない」
「やりたいことはあるが、恐くてできない」
という人たち。

このような課題のある人たちは、例えば、自己啓発的な言葉を投げかけられたりすると、その時は受け取った感じがしてやる気がでたり、自分にはこれしかない！　とその時はわかったような気持ちになっても、長続きはしないこともしばば。

私もそうでした。

散々泣いて、自分にはこれしかないと思ったりするんだけど、喉元過ぎるとまた同じ質問に戻る。「私の本当にやりたいことはなんだろう?」と。そうしては、わからない自分、やれない自分を責める、という悪循環……。

これってね、その人がどこにいるかによって段階があって、ひとつのマニュアル通りにはいかないの。「本当にやりたいことがわかるために必要なたったひとつのこと」「やりたいことをやれるようになるために必要なひとつのこと」みたいにね。

こういうのみんな弱いよね。
「それでもこれだよ!」っていう、一番大事なのは何かと言ったら、自分との繋がりを取り戻すところから。身体を通して心と魂と繋がる。すると、自分の体感を通して、やりたいことも、どうすればいいのかもわかるようになるから。

自分との繋がりが薄く、外に意識が向かいすぎていると、どうしても影響を受けている他人のやりたいことや、社会があなたにやらせたいことを、自分のやりたいことだと勘違いしたりすることも。

なぜ、自分と繋がれていないのかと言うと、過去の体験や学習から来た自分や人生に対する思い込み、しかも、身体にパターンとして刻まれている思い込みのせい。それを単純化して、「ブロック」とも言えるけれど、では、ブロック解放をしたらい

いのかと言うと、そのブロックだって、いろんなレベル、次元がある。人によって違うし、その人がどの段階にいるかによっても違う。

それを解放して、より深く自分と繋がり「やりたいことをやる」——そうすることで、人間として全体になっていくということでもある。

逆に言うと、人間として全体的になればなるほど、自分の中から答えが現れ、それを生きられるようになるということね。

逆説的だけれど、それは「何もしなくていい自分」「何もしなくても存在価値のある自分」を、体感を以って知ることからはじまる。

話は戻るけど、「これだっ！」っていう、本命ではないかもしれないけれど…あなたが「やりたい」「やってみたい」と心から思う「小さなこと」を、自分にやらせてあげるっていうのは、大事なステップよ。

そうすることで、自分の中に「やりたいことをやっていい」という道ができてくるし、そのことでまた次の大きさのやりたいこと、を感じることができるようになるのだから。

静かな光を放つ宝物

「強み」の発掘もいいだろう。
だけど、「強み」を封印することで
自分でも知らなかったギフトに出会えることがある。

うまくできること、強み、楽にできること。
それをやっていて、楽しくて充実しているのなら
もちろんそれでいいけれど、
そのままでは、決して見ることのない
自身の姿というものもあると思うよ。

それは、「弱み」の下にそっと隠されていて、
あなたに見出されるのを待っている。

それこそ静かな光を放つ宝物。
誰にでもある、だけどあなたならではの贈物。

私はかつて、自分のできること、人脈もリソースも、
全部、全部、捨てて旅に出た。

そこではじめて、夢にも思わなかった
夢のように美しい自分に出会った。
決して知ることのなかった、自身が何者であるかの体感。
湧き出る才能と創造性。

その泉を掘り当てて、
その泉が自分のものだと知ることができて、
そこにいつでも戻れて自分が泉そのものなんだ
ということを知った。

それだけでも、今生、生きた甲斐がある、とまで思う。

うまくできもしないことをやりたいと思うのは大変だよね。
だけど、「やりたい」というハートのささやきは、
神様があなたのハートを通して話しかけているんだよ。

サバイバル的モチベーションで動く社会に騙されないで。

あなたの小さな「やりたい」を信じて。

本当に恐いのは

真夜中に胸の重みで目が覚める。

夢を見ていた。夢の中で私は
自分が強烈にやりたい、と思っていることを
至福とともに生きている人を眺めては、
猛烈な嫉妬で身体をよじっている。

この夢を見るのははじめてじゃない。
いや、このような形で夢を見るのははじめてだとしても、
それが私の胸を幾度も叩いていたのを
知らないふりフリをしていただけだ。

私は私を信じていない。だから見ないフリを続ける。
自分にもやりたいことがあるなんていう、
そのこと自体を見ないフリをする。気づかないフリをする。

もっとチョコレートをちょうだい。お酒でもいい。
そのことに目覚めなくていいのなら私はなんでもする。
なんでもする。その向こうにあるのは諦めだ。

「もう年だから」
「子供の教育費がかかるから」
「旦那がいい顔をしないから」
「自分には能力がないから」

そうして、諦めていることにさえ気づかないままでいれば、
日々の雑事で一日は終わっていく。
シャワーを浴びて掃除をし、
ご飯を作ったらもう一日は終わり。

テレビを見よう！　ネットでもいい！
芸能人のゴシップと政治への不満と
リア充の Facebook にいいね！をしたら、もう寝る時間。

夢を生きる、実現する、それを真剣に探す。
見つけてもいいとそれを自分にゆるす。
そんな時間はないよね。少なくても私には……。

白髪を見つけたよ。
そういえば皺も深くなった。
だけど、本当に恐いのは年を取ることじゃない。

このままやりたいことを自分にやらせることもなく、
老いていくのが恐いのだ。
自分の良心が認めてもいない
見えない大きな歯車の一員として、
死んでいくのが恐いのだ。

今、会社をやめたら年金が減るね。
旦那は働き続けて欲しいと言う。
何言ってるの、私は働きたくないわけじゃない。
ただ、本当にやりたいことをやりたいだけだ。

夢見ごとだと、戦後を生き抜いた母は言うだろう。
本の読み過ぎだと旦那が怒り出すのが見える。

それでも私は進むと決めた。
魂の求める未知へと。

「マヤカシ」や
「ニセモノ」

他を「マヤカシ」や「ニセモノ」と呼び、
自分たちこそ「ホンモノ」だと主張する人を
私は信用しない。

本人は嘘をついているつもりはないのだろうが、
たぶん自分の影に無自覚なままなのだろう。

こういう「正しさ」の方が、
「未熟さ」よりタチが悪いと思うのよね。

あなたの情熱

生まれたばかりのあなたの情熱に、水をかけて火を消そうとする人のところから、今すぐ離れてください。

それがどんなに正しく聞こえたとしても、あなたはあなたの心の火を信じて行動にうつすことです。それが間違っていたとしても、ただそれだけのこと。偉人でさえも、数多の間違いを犯してきた。間違いなんていうものは、ひとつの視点にすぎないのですよ！

だからあなたも、未熟で不勉強で、不完全で、それでいて完全な自分を信じて生きてください。あなたの心は、肚の感覚は、どうしたいと言っていますか？

愛されるためには

愛されるためには、役に立つ人間になければならない。
なんと胸くそ悪い！（笑）

その思いは、私の心に根深く居座っては、
時に私の中の不健全な動機付けの、引き金を引く。

私は世界に、
私を捨てた父（子供の自我はそのように捉えただけの話で
勘違いのようなもの）の幻影を見ては、

誰か自分でない、だけど確実に役に立つ人間になって、
愛情を得ようと「頑張る」のだ。

好かれようと媚びるのだ。

無意識のうちにでも、そう考えて行動することが、
本当の成長に繋がっている部分もあるだろう。

しかし、それに気づいた時はいつでも、
過去に得られないと信じていたその愛を、
外からしか得られないと信じているその愛を、
ただただ、自分に向けて、慈しむことを繰り返す。

そのままでいいよ。
愛しているよ。
愛されているよ。
頑張らなくてもいいよ。
好かれなくてもいいよ。
私がいるよ。

外に向かっては散っていた意識が、自分の方へと戻ってくる。
深呼吸をひとつ、ふたつ。

今夜も涙がぽろりと落ちては、私はこうして正気に戻る。
そうして、本当の「やりたい」が額をあげて戻ってくる。

今夜も最高！

不満をそのままにしておくのは

不満をそのままにしておくのは、癖みたいなもの。
すでに目の前に解決方法があるのに、
その癖に捉われてそれが見えないこともしばしば。

愚痴る前に（愚痴ってもいいよ）、欲しい結果を考えてみて！
意外に近くに、答えがあることが多いから。
あとはそれをすみやかに行動にうつすだけ。

楽しんで！

自分を落として愛されようとするのと

わざわざ自分を落として愛されようとするのと、
ありのままの自分が不完全であることを
隠さずにいることには、
大きな違いがある。

前者には他人を操ろうとする意図があり、
後者には明け渡しがある。

あなたの無力感は

あなたの無力感はあなたのもので、
眼の前の人とは本当はなんの関係もないんだ。

あなたの頭の中にある「その人の理想の姿」を捨て、
「美しさ」という本質とともにあれ。

あなたはあなたの見るその眼で、
「変わるべき人」という被害者を創ってはならない。

夢を叶える、
欲しいものを
得る、とか

夢を叶える、欲しいものを得る。
そういうことじゃないんだよ、その本質は。

生まれてきたことの意味を味わって、探って、よろこんで、繋がって、愛し合って、どんな自分も愛して、そんなことなんだ。

縮んでいた体に、もう一度空気を入れて、腕を伸ばして深呼吸。愛しているよ世界、私はここにいるよって、自分もまわりも世界も抱きしめながら広がっていくんだ。

あなたが等身大としていた嘘を破り捨て、
何も欠けていないあなたに戻ろう。

真実を見よう

例えば、ひとつの出来事があって、
それをどう捉えるかによってあなたの未来は変わる。

例えば、それがあなたに起きたことではなかったとしても、
それをどう捉えるかによって、あなたの未来が創られる。

誰かを悪者にするのは、もうやめよう。

それがどんなにひどいことのように見えても。

あなたは、あなたの罪悪感を人や出来事に映し出しては、
自分を正しい者としようと、必死なだけではないですか?

たった今、
あなたのモノの見方を手放して、真実を見よう。

目を開けてみればそこにはただ、
それぞれの道を懸命に歩む
美しい人しかいないのだから。

真実を見ることは目覚めること。
あなたを自由にすること。

あなたの見る人もまた、自由にすること。

憧れは実現できる

自分が大好きで情熱を感じることを
他の人に受け取ってもらい、
そのよろこびと充実感とともに、お金という報酬をいただく。

今度は、それを自分が大好きで情熱を感じることに投資する。
時間とお金、という形で。

この循環に入ると本当に楽しいよ。
自分で選択できる人生。
やりたいことを自分の意志で即決できる。
（家族に相談、というプロセスの必要な人もいるね）

私たちが「時間」という幻の中にいる以上、
そこにいたるまでの「時間」が必要で、
その「時間」に「行動」を起こす必要もある。
コツコツと同じことを繰り返す必要もね。

いや、なんの必要もないんだけどね、本来は。

そして、それをもし、あなたが今、
はじめないとしたら、いつやるのかな?

憧れは実現できる。
方向と地図を手に入れて、歩き出しさえすれば。
歩き続けさえすれば。

すると、いつの間にか波に乗って、
自分で歩く必要のない場所に辿り着いてる。
もう、地図もいらない。

それは、時に立ち止まって横になり、
ゆっくり休んだり、力の限り走ったり、
波のように変化するプロセスを経て。

諦めたままで終わらせるのか、
今、はじめるのか、
あなたには選択がある。

「わかっちゃいるけど、やめられない」

いくら頭でわかっても、「実践」しないと身に付かないんだよ。
当たり前のことのようだけど伝えておくね。

もしも、あなたが「わかっちゃいるけど、やめられない」
「わかっちゃいるけど、やれない」と思っているとしたら、
それは自分自身の力を信じていない、
ということかもしれないよ。

「やめられない」「やれない」この感じは、
感情レベル、体感レベルでは一見本当のことのようだけど、
実際のところは、自分が「やめないこと」「やらないこと」を
選択しているのではないのかな?

いや、それが本当かどうかはともかく、
「自分が選んでいる」と受け取ることで、
自分がそれを変えることのできる「力がある」ということを、
自分のものとすることができるんだ。

そして、もしもやっぱり、
「できない」という感覚が強いとしたら、
まずはそんな自分にやさしくするところからはじめてね。

外に求めているかもしれないやさしさや思いやりを、
自分にかけてあげて欲しいのです。

そんな自分を抱きしめてあげて欲しいのです。

そう、あなたは悪くない。

頑張らなくっていいんだよ？

二十数年前にはじめて、
「頑張らなくていいんだよ！」というコンセプトに出会った時、
わけもわからないままに号泣した。

それまで、自分が無意識のうちに頑張って生きてきた、
つまり無理をして生きてきた、ということに気づき、

「もうそんな風に生きなくていいんだ」ということを
感じられたことに対する、安堵の涙だったのだと思う。

変な話だが、それからはなるべく、
「頑張らない」ように心がけてきた。

それは、好きなこと、やりたいことに対して、
時間とエネルギーをかけない、ということでは全然ない。

やりたくもないことを、やらなくちゃ、と信じて
努力することをやめた、というだけのこと。

また、やりたいことでも、不要に力んでいる時には
気づき、手放すことを選んでいい、ということ。

しかし、ともするとこの「頑張らなくていい」には、
セルフサボタージュも生まれてしまうことがあるので要注意!

「頑張らないこと」をよしとすることによって
「頑張りたい」ことさえも
頑張らないようにしてしまうんだな（笑）。
つまり、やりたいことまでやらなくなってしまうのだ。

人の心の面白さよ!
だけど笑いごとじゃないよ。そのようにして、
本当はやりたいことをやっていないという苦しみを否認したり、
やりたいという気持ちを抑圧したりしている人もいるのでは?

「頑張らなくていいんだよ」の向こうにあるものは、
「頑張ってもいいんだよ」ということだ。

だって、もしもあなたに、やりたいことがあって、

それをちゃんと成し遂げたいと思ったら
頑張りたいじゃない!!!!

自分の限界を超えるために、
繰り返しチャレンジしたいじゃないの。
ねっ!

ただし、これまた人によっては、
それを「修行」にしては、
必要のない苦しみを産み出したりし、
努力すること自体に、過剰な価値や意味を
見出だしてしまうこともある。

気づいたら手放してね。
頑張らなくてもいいんだよ。

そして! 頑張ることが、楽しくてもいいんだよ。

「クソ〜っ、できない」、「う〜ん、できる、できる」などと
自分に声をかけながら、したくない苦しみは最小限に、
そこから生まれる没頭することのよろこびは最大限に。

頑張れるって、実はすごいこと! 幸運なこと!
世界には「頑張ること」がほとんど不可能と
感じている人たちもいるんだ。
実は、私にもそういうところはある。注意欠陥障害だからね。

そして、「頑張れる」って実は、自己価値とも関係している。
だって、自分の欲しいモノのために、
自分の持つ貴重なエネルギーを使うことを
自分にゆるすということだから。

頑張る必要はない。
楽にできていい。
楽しくやっていい。
好きにしていい。

そして、今日私は敢えてあなたに言いたい。
あなたは「頑張っていいんだ」と。
「できるまでやっていいんだ」と。

なんて素敵なこと!
なんて素敵な社会!
私たちはみな頑張っていいんだ!!!!　頑張らなくても!!!!
いえーい!

世界は今日も
やさしいところ。

「いい加減に
しないと
嫌われますよ」

「いい加減にしないと嫌われますよ」
あなたの内なるジャッジは言うかもしれない。

ジャッジの言うことが実現化する可能性は、
いつだってゼロとは言えない。

でもやるんだよ。
それは、誰でもない、あなた自身の世界への思い込みを、
本来あるべきものへと戻すために。

そして、もしも、好ましくない結果が起きたとしたら
「ああ、やっぱり」と自分を引っ込めるもよし、

世界を呪うもよし、
または
自分の隠されていた思い込みの現実化と受け取って、
地道にそれをクリアにすることにエネルギーを注ぐもよし。

あなた次第だ!

何か、
あなたにとって好ましくないことが起きたからって、
あなたは罰されているわけではない。

更に浄化され、更に幸福になることへの
ありがたい機会を提供されているというだけのこと!!!!

祝福だ!

自分と深く
繋がりはじめると

自分と深く繋がりはじめると、「嘘」をつくことが難しくなる。
いい人であるため、（自分をいい人だと感じていたいため）
社会に受け入れられるため、他人に好かれるため、
そんな理由で付けていた仮面が、働かなくなるのだ。

「働かなくなる」と書いたが、それは感覚にすぎず
実は私もいつだって仮面を付けられる。

ただ、付けようと意図することが著しく減った。
他人が自分をどのように受け取るかについて、
手放すことができるようになったということだ。

当然のことだが、敢えて言うと、
私にも気分の悪いことはある。
面白くないこともある。
そんな時は顔にも態度にも出ることだろう。

それを、一瞬にして変容して
本当のことに戻ることもできるし、
そのスキルもある。

だた、私の低次の自己はそれをしない。
意図的に選択しないのだ!

その根底にあるものこそ、「ジャッジメント」。
何かが自分の理想と違うからと他者を批判し、
他のグループを批判し、社会を、世界を批判する。

そのことで、私は本当は、自分を批判していると知りながらも。

「幸せでいるには条件がいる」
そう信じてる私の一部と自己同一化し、
幸せでない「自分」を確認しては
神なるものに抵抗、復讐する。

その「自分」こそが、最大の嘘であることを知りながらも。

ときに反面、「予定調和」や「仮面」を嫌っては、

それを「嘘臭い」と批判する。
ああ、面白きかな、我がエゴよ!

そしてそれは私を、もっと、もっと、
いつだって「ホンモノでありたい」という
神聖な願いの実現へと導いてきてくれた。

そして同時に、私は、
自分が「インチキ臭い偽物である」ということを
徹底的にゆるす。

サバイバルに生きる「血なまぐさい生き物だ」ということも。
神聖さはその後でいい。

そして、その相反するように見えるふたつを、
こうして私は日々、統合しているのだ。

エゴからの
モチベーション

どんなに崇高に見える志も
それがエゴからのモチベーションである以上、
あなたを本当に幸せにはしない。

あなたの内なる声に従うことは、
時に「特別でいたい」というあなたの願いを
裏切るような形で現れることもある。

「素晴らしい自分」というマスクを脱いで、
自己と人類の未熟さをありのままに見ては、
それを愛することで（愛せないことも含めて）
現れるガイダンスがある。

そこには、
自分が知る以上の素晴らしさ、
というものがあるものだ。

そのうるさい頭を黙らせ、
大いなる流れに自らを明け渡せ。

自分の頭でコントロールしようとしている以上、
壮大に見える夢も、それなりでしかないのだ。

人生を変える決意

いくら夢を見ても
人生を変える決意を自分がしないのならば、
それはやっぱり変わらないのだよ。

変える決意をしたつもりでも
実際、行動にうつさない限り、
それは変わらないのだよ。

「同じことを繰り返しながら
　違う結果を期待することを狂気と言う」というのは
アインシュタインの言葉とされているが、

あなたは自分の狂気から
目をそらしているのかもしれないね。

心の声が何度あなたを導こうとしても
あなたは聞こえないフリをする。

人生を変えるのが恐いから。
自分も世界もこの広い宇宙も、
ちっとも信頼していないから。

ただ、あなたの小さな頭の中にある
あなたの記憶から来る思い込みを、
信じ続けることを選んでいるから。

いいんだよ、いくら時間を取ったって。
心の声を無視したって。

あなたは自由なんだから。

不自由だって選べるよ。

ああ！
一人芝居よ！

自分で勝手に約束した以上のことをやって
「疲れた」とつぶやく。

どこかで自分に価値がない、と思っているから
余計にやろうとする。

そして、相手や大いなるものへの信頼がないから、
「自分がやらなくちゃ」と思う。頑張る。
そして、受け取ってもらえない、と嘆く。

ああ！
一人芝居よ！

受け取る、受け取らないは相手の自由。

もちろん！
あなたの（私の）感知するところではありません。

自分は約束を果たした上で、
それ以上の時間を人に使うのをやめて、
自分のために使うことを自分にゆるしたい。

あなたのやりたいことはなんですか？
私のやりたいことはなんですか？

聖なる動き

ここのところ、自分も含めたまわりに、
ドラマチックな現実を創っている人をチラホラ見かける。

それは、自分のコントロールできる領域を超えて、
潜在意識のレベルが創造されている、ということであり、
一見そうは見えない時にも実は
癒しと成長、進化を求めて現れる聖なる動きだと
私は捉えている。

それは、もっと自分の真実を生きたい、という
心からの祈りが、聞き届けられたのだとも言える。

だからといって、癒しと成長、進化のためには、
ドラマチックな現実を経験しなければという
結論付けはしないで欲しい。

本当ではないから。

また、何が起きていたとしても、
その出来事をどう見るかという態度は、自分で決められる。

これまた、だからといって、
理性で感情を抑え付けて自分を説得しろ、と
言っているわけではない。

反応は反応として、認めて、感じた上で
手放して（されて）いくものだ。

そして、自分の考えや感情に、固執しないでいれば、
新たな視点や、より深い意味が、見えてくるものだ。

そんなことを考えながら今度は、
たった今の自分を感じて、今日はどんな一日にしたいの？
と自分に問いかけてみる。

すると、花の咲いた庭に、
白い蝶がヒラヒラと飛ぶのが見えた。

私はかつて、地を這う幼虫で、
それから殻に包まれたさなぎになった。

グチャグチャとした中身との同一化で、
私は私であることを失った。

やがて、ある朝、私は
己が蝶であり、飛べることを知った。
まだその羽根には、
さなぎだった頃の記憶がうっすら残っている。

それでも、私は蝶なのだ。

だから私は今日も飛ぶ。
そのことの意味など、知らなくていい。
科学も進化論も、いらない。

ただ、飛ぶ、
それだけだ。

いや〜、行っちゃえ〜!

「レディ！　ゴ〜 !!!!……それからエイム」
銃を撃つのなら逆だよね。

「レディ！　エイム！　アンド　ゴ〜！」
準備をして、的を絞り、それから撃つ。

だけど、的を絞ろうとすることに何年もかけてしまったら、
それこそ狙っていた的も動いちゃうかも（笑）。

だからね、
的が絞れていなくても、
あなたの頭の中の誰かさんが

「もっと、もっと完璧に準備をしなくちゃダメだよ」と言っても、
「今だ!」と思ったら行っちゃえ〜!

「レディ! ゴ〜! それからエイムだ〜!」
ガクブルも、ワクワクも、大元は一緒。
楽しんでいいんだよ!

さあ、準備して!

準備できていない?

いや〜、行っちゃえ〜!

すごく腹が立っている

すごく腹が立っている。
いろんなことに。

今日は一日そんな日だった。
そして同時に、パッションが溢れている。

私は諦めない、
自分を、世界を。

それは、世界や自分を変えるべきところと見て、
「奮闘努力」をすることでは全然ない。

それは、全く逆効果だ。

私は自分の内側を見る。
私の見る、感じるものを自分のものとする。

そして、どんな自分も今ここで愛することを決める。
たった今怒りに震え、情熱に燃える自分を愛する。

仮想敵を創り、己を正義とするその後ろにある、
無価値観と罪悪感を持つ自分を愛する。

それから、自分のギフトを、
できることを、
生まれてきた意味を、
世界にもっと捧げていきたい、という
憧憬を感じる。

誰も悪くない。問題は何もない。

ただただ、真摯に道を生きる美しい人たちを見る。
そして、私は私のやるべきことをやる。

目覚めよ！私たち

社会の問題の多くが
個人の人間の「情熱の欠如」から来ている、と
私は捉えている。

人が本質を生きる時、
その人のやりたいこと、情熱を感じることをやることは、
他者に、社会に、貢献することだと信じている。

たとえ、表面的にそう見えていない時にも。

それが一致した場所を生きることで、
私たちは、なんとも言えない魂の充足感を得ることができる。

（もちろん魂はいつもそれだけで充足しているとしても）

もし、私たちがみな、そう生きたら、
現在の社会問題の多くが
すごいスピードで解決へと進むことだろう。

私たちの多くが、本来の情熱の代わりに「お金」を得ては、
一時的な欲求を満たすことで、自分を満足させようとする。

お金は悪くない。
それを求める気持ちも。

ただ、それで得た享楽や将来への偽りの安心を、
本当にやりたいことの代償にすることで、
経済を回すようなやり方は、終わらせなければならない。

目覚めよ！
私たち。

選択の自由を持ったこの時代に
この身体に生まれて、
自分にとって本当のことを生きる以外、
どんな意味があるというのだろうか！

いつだって全部手放せる

恐れているのみならず、
「生きていくため」にやらなければならないと信じていること、
その思考を自分に問い直す。

あはは。
密かに思い込んでいたほど
深刻ではないことに気づいて笑う。

いつだって私は自由だ。あなたも。
いつだって全部手放せる。
これまでも何度もそんな風に生きてきた。

闇の正体

「自分の中にある」と感じる問題を、
自分をゆるせない暴力や憎悪を、
自らを正しい者として他者に向ける。

これが闇の正体のひとつかと思う。

この場合、自分の中に感じることをゆるせないのは、
自分の中にそんなものがあると認めて感じることが、
その人にとっては死ぬより辛いということだから。

だから、他者を何がしかの形で殺そうと躍起になる。

言葉でも視線でも、暴力を振るってくる相手には、
絶対的に「ノー」と言えばいいし
近づかないようにすればいい。

そして、少し余裕が出たら、
そうやって暴力を撒き散らすことで
自分を正当化する人たちの中にある
癒されていない子供の部分、
その人自身では受け止め切れないほどの
闇があることに対して、
慈悲、慈愛の気持ちを持てる自分でありたい。

あなたが誰かの暴力やネガティヴィティに
過剰な反応をする時、
あなたはその闇へと引きずり込まれている。

ちょっと待って！
そんな時こそ、あなた自身の「光」を思い出すのだ。
誰の中にもある、すべての人の、
そして世界の本質である「光」を思い出すのだ。

それは、「闇」の対極にあるのではない。
「闇」も含めていつも輝いているものなのだ。

世界に悪い人などいない。
ただ傷ついて、自らの本当の姿を忘れた人たちがいるだけ。

彼らはあなたに必死で、
自分は光などではなく悪い者だと、説得にかかる。

騙されてはいけない。
世界に純粋でない魂など、本当に本当に、存在しないのだ。

だからといって、さっきも言ったように、
他人の嫌な行為に甘んじろということではない。

「ノー！」と言うか「近づかない」のが一番。
それから距離を持ちながらも、
どこか温かい気持ちでいられる自分でありたい。

自分の中の「恐れ」や「怒り」の反応が大きい時には、
その怒りが、恐れが、感情が自分のものなのだ！
ということに責任を持って、変容する力があることを思い出し、
あなた本来へと戻ってください。

ほら、そうすれば、あなたが恐れる（怒る）その人にも、
やさしい気持ちになれませんか？

そして、もしなれなかったとしても、
あなたはただ、プロセスの中にあるだけで、
あなたを悪者にするわけではないですよ。

ありのままの自分をよしとしましょう！

「人の断捨離」

「人の断捨離」なんていう言葉を見かけますが、ちょっと違和感を感じます。自分にとって必要のなくなった人間関係を切る、ということのようです。

そして、わざわざそのようなことを、意図して行動しなければならないことの向こうに、日頃から自分より他人を優先して、自分にとっての本当を裏切っているからかもしれないな、と考えました。

私の場合は、「人を切る」とか考えたことはないですし、ましてや「人を断捨離する」なんて考えたこともないです。
別に、私がいい人だからってことでは全然ないし、「こうある

べき」という正しさから言ってるわけでもありません。

私の場合は、嫌なことは相手にちゃんと伝えるし、話す時間を作って話しても歩みよれない人には、本人に直接「つき合いたくない」とはっきり言うので、気持ちが溜まっていかないからかな、と思います。

だからと言って、嫌っているというのとは違うんですね。

人が自分を好きかどうかよりも
自分が相手を好きな方が大事です！

でも、そんな風に気にせずいると、相手もいつの間にか心開いてくれたりすることもよくあること。そもそも自然に生きていると、人との縁は自然に濃くなったり薄くなったりするものです。昨日嫌いだった人を今日好きになるかもしれないし。

だから、わざわざ人を切るとか人脈を作るとか、考える気にはなれない。ですが、それをわざわざする必要のある人のことも尊重したいのです。

私はただ、自分の好奇心の向かう方に歩いていっては、受け入れられたり、受け入れられなかったり、相手から好まれては受け入れたり断ったり、そんな感じで生きています。

報酬系という
人間の条件付け

おはようございます!

いきなりだけど、あんたら、ニンジンぶらさげんと、
よう走らんでしょう?
あたしもそうとこあるからね〜（インチキ関西弁っぽく）。

だから、おいしそうなニンジンぶらさげてみせるけど、
あたしの本当に伝えたいこと、伝えられること、
お手伝いがしたいこと、できることはいつもひとつ。

走ること、そのものの中に、
食べること、そのものの中に、

すべてがあるということ。

ところがね、
ニンジンもニンジン以上のものを
連れてきてくれることがあるんだよ。

人間の条件付けを利用して、
それを超えた進化を伝えたいんだ。

私もまだまだ旅の途中。

それは、ニンジンに釣られる自分を認め、
ゆるすことからはじまった。

ニンジンが欲しくて
走る自分を認めることからはじまった。

私たちは自由だ!
街中でだって飛ぶよ!

ただし、ちょっと失敗する時も。

そんな時もある。

悪い夢のようでも

人は自分の見たいモノが見え、聞きたいことが聞こえる。

被害者の自己として生きていたい人に
「自分の力を取り戻して！」と伝えるのは、
目を閉じて眠っていたい人に
「目を覚ませ！」と言うようなもの。

眠いんだからしょうがない。
ただ眠っていたいのだから仕方ない。
悪い夢のようでも、慣れ親しんだ物語から抜けることは、
家族に別れをつげるようなもの。
理解と尊重と、祈りとともにあろう。

「死」とは

「死」は移行。

ひとつのレベルでは終了だけど、
本当のことは、ただ別の場所にうつっていく、
または、存在を広げては戻っていく、みたいな感じ。

それだけのこと。

「残された」と思う人たちは、
それぞれの心の中にあるものを、トリガーされているだけ。

だからと言って、そのように自分の頭を説得して、

本来ある哀しみや憤りを抑圧することはない。

波のようにうねる感情の中で、
あなたという魂は、
永遠を知っている場所でいつでも寛いでいられる、

そんな可能性にオープンでいてみてほしい。

あなたがここに生まれてきたことの意味

やるべきことが溜まってしまった時や、
アイディアに行き詰まった時など、
本気で仕事が嫌になる。

もしかして私はやりたくもないことを
やろうとしているんじゃないか?
自分に問いかける。

私の本当にやりたいことはなんだろう?

「海に行きたい」
「山に行きたい」

「ハワイに行こう！」
そんな言葉が出てくることも。

だけど私は知っている。
もっと深く魂に聞いてみれば、
私の本当に本当にやりたいことは、
今、ここにある、ということを。

仕事がたまらなく好きだ。
たまらなく好きで、たまらなく楽しい。
だけど新しいアイディアを形にしようとする時や、
それを伝えようとする時、苦しみが生まれることもある。

本当は苦しむ必要なんか全然ない。
楽しくっていいよ！　って教えている。
それでも、自分の抵抗や限界を超えることのために、
踏ん張らなければならない日もあるのだ。

その日、やりたいことのように見えることは、
時に、魂のやりたいことへの抵抗だったりする。

私はいつだって逃げてもいいけど、
それより本当にやりたいことを自分にやらせてあげたい。

時に、それが苦しい感じがすることがあっても、
創造したいことを創造させてあげたい。

私は1999年から2003年まで、学生ビザを取って
米国で、表現アートセラピーやら歌やらを学んでいた。
4年間は全く働かなかった。
2003年に日本に戻ってきてからも、
しばらくほとんど働くことはなかった。

人はときどき、お金が十分あって、
働くことから解放されさえすれば、
幸せになれると考える。
もちろんそこには一抹の真実があるし、
しばらくは楽しくやっていけるかもしれない。

そして、人はパンのみに生きるにあらず。
金のみにも。

自分が本来やるべきことをやっている、という感覚なしでは
人は本当の幸せは感じられない。

それが子育てでも、パートナーとの暮らしでも、
瞑想でもなんでもいい!

必ずしも「社会」が「仕事」と
見なしていることである必要はない。

本来やるべきこと、それは、
あなたがここに生まれてきたことの意味、そして人生の目的。

それがたったこの今、感じ切れていなかったとしても、
あなたの愛することで「情熱」。

カナリヤは歌わなければならないし、
馬は草原を走らなければならない。
猫はこたつで丸くならなければならないのだ!
にゃ～!

つまりこういうこと。
あなたが歌い手なら歌わなければならないし、
作家なら書かなければならないし、
ダンサーなら踊らなければならない、それだけだ。

あなたがやりたいことをやることが苦しいのは、
抵抗にすぎない。
やることでその抵抗を突抜け、または溶かし、
よろこびへと変容させよ!

あなたはやりたいことをやっている自由(不自由も!)と
よろこびを謳歌する。

その権利を今すぐ自分に与えていいのだ!
にゃ～!

光と影のゲーム

光と影のゲームをしばし楽しんだあと、
ふいに訪れる静寂の中。

「くだらんなぁ」
誰にともなくやさしくつぶやいてみる。

報酬への煽動も、正義への切望も
はたまた欲望の肯定も、
色鮮やかな部屋から消え去り、
意味もまた消えていくのをただ見ている。

これが美しさで、あれが醜さだと、確かに教わった。

これが正しさで、あれが誤りだと、確かに学んだ。

そして、それらは
気づきという、通りすがりの神に抱かれては、
かすかな記憶の中からも薄れ続けている。

「ごめんなさい」
正気に戻った場所からまたつぶやく。

すでにゆるされていることを知りながら。
ゆるされるものなどないことを知りながら。

愛の思い、いや、体感の中に悪は存在しえない
醜さもまた。

悪のないところに善もまた存在しえない
正しさもまた。

悔しいという
気持ち

人はそれぞれユニークな存在で、
誰もが等しく価値があるだけでなく、
誰もがそれぞれにしかない
その人だけのギフトを持っている。

なのに「競争する」とは、なんて馬鹿馬鹿しいことか！

だけどあなたが、人との競争を恐れるあまり、
自分の中にある「力」を裏切っているとしたら、
あなたは自分のユニークさやギフトを世界に与えられてない。

そんな苦しみの中にいるかもしれない。

とあるクライアントさんの中に「悔しい」という
気持ちが芽生えはじめた。

繊細がゆえに、人とのコンタクトを恐れ、
繊細がゆえの超感覚知覚の発達というギフトを
十分に外に表現できないでいた。

自分の技術には自信を持っているのに、
自分より教育レベルでも技術のレベルでも
劣っていると投影をしている相手が、
自分よりビジネスがうまくいっていることを
心底悔しがっている様子だった。

私は彼女のその言葉を聞いて、涙が出た。
やっとそれを自分に認められたんだね、と。
やっとそれを自分に感じることがゆるせたんだね、と。
やっと自分には力があることを認められたんだね、と。

「いい人」でいたいために、
これらの気持ちを認められないことがよくある。
「平和」を好み、「平和」を語るが、
自分の中にある戦いを認めることができない。

例えば、「悔しい」という感情は、
感じることができてはじめて、それを手放すことができる。
ないことにされて抑圧されていたエネルギーが、

解放されて感情として現れてくるのは、祝福だ。

たとえそれが「ネガティブ」なものでも、
それを十分感じられてはじめて超えることができる。

「悔しくていいんだよ」。私は言う。
その悔しさを超えるには、自分のギフトを輝かせることを
自分にゆるす以外にはないのだと知っているから。

いいんだよ。一見ネガティブに見える感情を
モチベーションにしても。

自分にしかないユニークさを表現していくうちに、
そんなことは忘れて、すべきことの内に没頭していくから。

祝福だ！　祝福だ！
今日もいい日だ！

エゴのぶつかり合いこそ幻

「超越」への思いは神聖なもの。尊重したい。

そして、それよりもまず先に、
「人間になった方がいい」人たちもいるね。
それは、まずは自分と、それから
他の誰かと深く繋がることをゆるすことでもある。

愛していいんだよ。
愛されていいんだよ。

そのことで現れてくる
エゴのぶつかり合いこそ幻であり、

服を着ていれば当然こすり出てくる
糸くずのようなもの。

深く愛し愛されることを自らにゆるし、
自己と世界という、愛そのものに、ともに目覚めていく時、
あなたは自然とあなたを超えていく。

ハートを開くことだ。
たとえ、それが血だらけであると知ることになっても。

そして、それはいつだって、
記憶という幻に
すぎないのだから。

指輪物語

指輪が人の気を狂わせる。そう、あの指輪が……。
指輪のためなら奈落の底まで落ちていこうと
決心する人たちもいるくらいに。

ある日、それがただの指輪だということに気づく。
金属か、木、プラスティックか、はたまた紙か。
なんにせよ、それを構成しているものは、
他に存在するすべてのものと、全く一緒なのだ!

あなたがそれに与えていた価値は、
ほんの少しの肉体的居心地のよさくらいしか、
本当はないことを肚で知る。

もう指輪はいらない。

すると……。
あなたは突然指輪を楽しめるようになる。

喉から手が出るほど、
命を懸けるほどの価値を置いていたそれを、
もっと気軽に、もっと豊かに。

素材や歴史を、
そしてそれにまつわる物語を、
自分で選べている！

指輪を欲しくてもいいんだよ。
指輪がなくたっていいんだよ。

なんにしたって、いつだってあなたは、
指輪とは比べられないほどの価値があるのだから。

今日私は、
私自身を宝物として扱います。

私の情熱の
ひとつは

心美しく、純粋な人たちが、
自分を裏切ることなく、
お金も含めた
豊かさの循環を生きる許可を、

自分に出すことを
手伝うのが、

私の情熱のひとつ。

ねえ、船出の準備はできた？

人生が大きく動きそうになると、
何度もブレーキを踏んではコントロールしてきた。

それは時に病の顔や、怠惰や享楽の顔
他人との軋轢や、葛藤の顔をしていたり。
おかげで私の人生は、
慣れた居心地のよさの中に留まっていてくれていた。

誰が「進まなくちゃいけない！」って言ったの？

私の頭の中では、あたかも見えない誰かに
それを強制されたかのように体感する。

いやいや違うでしょ。元を正せば、
私自身がやりたくてたまらなかったんだ。

自分以外の誰に邪魔されているわけでもなく、
自分以外の誰に非難されているわけでもないのに、
涙が出るのはなぜだ。

それは、住み慣れた故郷をあとにするかのように、
私の胸を痛ませる。

輝きに出会うために、別れが必要だというのは
思い込みにすぎないよ。
出会った人たちとはいつだって、
永遠の絆で結ばれているのだから。

ねえ、船出の準備はできた?
私よ。

ジェット機は性に合わない。
たとえ、フルリクライニングのフラットシートで、
シャンパンのお代わりを続けられたとしても。

さよならの時、あなたの顔を見ることができないから。

さあ、旅立つよ。
遠くでも私のことを思っていてね。

なんて、身勝手なことを思いながら、
きっと私はすぐにあなたを忘れる。
次に思い出すその時まで。

いつだって愛してたそのことを、ふいに思い出すその時まで。

グッドバイ・マイ・フレンド。

「損得勘定」というお化け

私が、今世で超えたいことのひとつに、「損得勘定」でモノを考える、ことがある。

それは何かをお金と交換する時にも、その値段が適切かどうかをチェックしないということに留まらない、「どんな人も常に平等に愛せる自分になる」ということ。

損得勘定を失くすというのは、「この人と付き合っておけば得だ」というわかりやすいものだけでなく、自分の感情的なメリット・デメリットで、無意識のうちに人や状況を選んだり、判断したりすることもなくなるということだ。それは「何が自分にとって本当か」という基準で、すべてを選択するようになるという

こと。もっと言えば、基準自体を失くすことにも通じる。

いつからか「自己超越」への憧憬が非常に強くなった。「自分」というものを超えたい、「本質」へと戻りたい、という。以前のそれは、「苦しみから逃れたい」という隠されたモチベーションが主立っていた。しかし今は、魂から上がってくる純粋な望みだと感じている。あたかも元来た家へと帰ることを望むかのような。

だからと言って、自己実現への願望がないというわけではなく、そこもまた強く、ここにある。それは、自分の生まれてきた意味を存分に表現しながら、この世界の本質を生きるということを意味するのだが、ともすると「損得勘定」というお化けが、静かに背中に張り付いているような感覚を覚えるのだ。

本来それらを超えるためにやっているはずなのに、全く本末転倒だと感じるのだが、矛盾を認め矛盾を受け入れることで、変容が起きては自己超越の方に流れていき、その都度、統合されているので、これでいいのだとも思う。

私の中の「欠乏」を信じる一部は、私に沢山の要求をしてくる。別の言い方をすれば、幸福であるには条件がいる、ということだ。
それが「当たり前」というのがマジョリティのあり方だろうが、私はもうそのレベルでは満足しない。

「幸福に条件はいらない」という場所から、幸福のための条件が現れていく、という世界を生きたい。それは決して、「条件なく幸福にしていたら、もっと豊かになれるよね」という、「交換条件」や「神との取引」ではない。

それでも、人間。未熟な私くらいの人間は、無意識のうちにでも成果報酬を感じられないと自分を変えようとしないのだ。自分を変えなくてもいいとすることも含めて。そして、それもまた私の超えていきたいことのひとつである。

幸か不幸か私は（幸に決まっているが敢えて）、「目覚めている」というのはどういうことなのか、ということを一瞥してしまった。

何日か。何度か。そしてそれは、ときどき今も私を訪れる。

よく言われるように、象の足に触れて象の全体を知っていると思うようなことかもしれない。たぶんそうだろう。たとえそれでも、そこには損得勘定もなければ、一切の取引もない。ただ終わりなき美しさがあるだけだ。

それを知ってなお、私は、もう一度人間になることを必要としていた。それは、極を持つ二元的世界を、まずは受け入れるということ。それが自分の中にあるということを認めること。そこにある考えや思考、そこから出てくる動きをゆるすことだった。

さて、これが、それではこの先どうするか、というコミットメント
や宣言になっていかないのは興味深い。なんにでも「結論を
必要とする」というのも単なる条件付けにすぎない。

私にはこのような思考がありますよ。
次は出てきていません。

で、よしとする。

自分に向かって唾を吐くようなもの

他者への愛なき批判は、
自分に向かって唾を吐くようなもの。
自分が見ているものは、
自分の世界観の現れにすぎないのだから。

無垢な他者に自己の罪悪感を投影して、
吐いた言葉の中にある暴力に、代償のカタルシスを感じて
支持する人たちもいるだろう。

80年代は私もパンク・ロックが好きだったので、
気持ちがわからないわけではない。

だが、その腹の中にある怒りや罪悪感や、やるせなさを、
自分のものとして扱わない限り、
あなたはあなたをゆるせないだろうし
本当の意味で人と深く繋がることもないことだろう。

腹の底にある怒りや暴力のエネルギーを
「本音」として表現するのは、
日頃の抑圧の反作用にすぎず、
己の本質を知らないがゆえの勘違いにすぎない。

その勘違いを、善なる意図の元に解放し、変容させる。
それをお手伝いするのは、私の大好物！

長いこと「いい人」の仮面を付けてきた人にとっては、
自分の感情の責任を取る前に
黒い自分を表現してみることで、
殺されないどころか賛同者までいることを知ることが、
大切なプロセスのひとつだというのもわかる。

もしも、そういった人の言葉に傷ついたり、
怒りをトリガーされたとしたら、実はあなたは
あなた自身を密かに攻撃していたのかもしれないよ。

そうでなければ、あなたは自分を守ろうとする必要さえ
よぎりもしないであろうから。

自分を正しいものと証明したかっただけかも？

自分を信じるのは、当然大切。

自分の小さな頭で考えたことや過去というフィルターと、
そのエネルギーを通して見えたにすぎないことを、
事実と思いすぎると、そこからのリアリティしか見えない。

そもそも、実際、本当のことを少しでも見ようとしたのか？
ただただ、自分を正しいものと証明したかっただけかも？

物事を白黒に分けてしか見られないのは、
未成熟な子供の発想。

そして、何かをあらかじめ白だと思って見ようとすれば、
白ばかりが目立ち、
何かの拍子に黒だと決めてその目で見れば、
黒ばかりが目立つ、というのが人間の脳の癖。

それに対して疑問もなく、自分の意見をすべてとすることを
自分軸とは私は呼ばない。

気づきのある人は、
自分の見るリアリティに溺れず観察を続ける。
そうすれば、
反応の種は常に自己の内にあり、
自らの内を見ることで、
世界や他人の見え方が変わることを知るだろう。

そもそも仮想敵なしに、
確立できない「自己」の脆弱さに気づかないまま、
自分が、自分が、と騒ぎ立てては、
それに迎合する人たちと群れていては、
真の成長、進化はかえって遅くなるものかもしれない。

もしもあなたがそれを求めていれば、の話だが。

体を焦がすかのような痛み

夕べ空を見ましたか？　月がまあるく輝いていましたね。

満月の影響でしょうか？
夜中に目が覚めて、眠りに戻れなくなりました。
そして、古い馴染みの痛みが現れては、
私をいじめようとするんです。

「ちょっと待って」
私は自分にそう言って、その記憶のくれる感覚を、
1人座って味わうことにしました。
「痛い、痛い、悲しい、悲しい、寂しい、寂しい」
そんな言葉が内側で響いてありました。

私は目を閉じて呼吸に意識を向けました。
鼻腔を空気が通り入っては出ていく
かすかな音にも耳を傾けながら。

すると、呼吸が私をやさしく撫でてくれては、
横隔膜が少しずつ開くとともに、涙が頬を伝うと、
やがてその体を焦がすかのような痛みは、
そっと溶けていきました。

そして、私はまた戻ってきたのです。

自分がいかに豊かで恵まれた存在であるかという場所へ。
ハートのこの上ない甘さとともに。
電化製品が出す音さえ静けさの現れだと知る今ここへ。
血液の流れに命の脈動を知るこの場所へ。

そこから、体をゆっくり動かしては、
今度は生きていることを味わってみます。
何度か手のひらをぎゅっと握っては緩めてを繰り返し、
次に、少し開いて擦り合わせ、
その感触のやさしさと不思議の中に、
いつでもここにあった祝福を思い出します。

それから、両手を開いて手のひらを眺めてみると、
なぜかキラキラと光って見えたのです。

いっぱい、いっぱい
愛しても平気だよ

長年やっているのに、ちっとも慣れないな。
いつも泣きながら仕事して、毎回、毎回、感動して、
コースが終わる時には別れ難い気持ちになったりして。

1人になるとその日の素敵な瞬間を反芻して微笑む。
真っ白な灰になって、倒れるように眠ることもあるけどね。

あんまり誰かを愛しちゃったら自分が失われてしまう、と
信じていたあの頃。
愛さないことで愛されようとしていたあの頃。

振り返ってはそんな過去の自分を抱きしめてみる。

いっぱい、いっぱい愛しても平気だよ。
というか、そっちの方がずっと普通でずっと本当なんだ。
それがどんな関係であっても！

愛は減らない。
愛は傷つけない。
愛はここにある。

あなたは愛。
私も。

心から望む世界を創造するために

戦争になっても、病気になる可能性があっても、
環境を必要以上に破壊しても、
お金があって、自分が快適なら、それで構いませんから。
という気持ちと、そこから来る無意識な行動が、
自分の中にもあることを認める。

それから、もっと本当のことへと焦点をあてて、
自分の魂の憧憬へと戻る。

自分が心から望む世界を創造するために
自分にできる小さなことをコツコツ、またはダイナミックにやる。
それを楽しむことを自分にゆるす。

賭けるんだよ、自分に、全部！

「クイズダービー」って知ってる？

そうそう、知っている人、あの番組みたいに、
「はらたいらさんに全部」みたいにね、賭けるんだよ。
自分に、全部！

それだけのこと。

私も。あなたも。

私はあなたに恋をする

素顔のその人が、一番美しいとしか
感じられなくなってしまった。
その人にとっての本当の本当が現れる時。

パーマしたまつ毛から、均一に付けるために
時間をかけたであろうマスカラが、
黒い涙として頬を汚す瞬間さえも
美しいと思わずにいられない。

それをティッシュで拭いたあとに現れる、
上気した頬の輝きや、
意味もなく込み上げる涙のあとの笑いも。

なんて美しいんだろう！
私はあなたに恋をする。

美しさが、
目に見える条件付けの中にあるとか、
愛が誰か特別な1人にだけ感じる感情だとか、
そんなことを軽々と超えて
私たちはお互いと世界についての
本当のことへと堕ちていく。

ヒーラーやコーチ、セラピストという役割を担うとともに、
それを超えた魂の出会いは可能だ。
そうして、癒す者、癒される者が消えていく。

美しさだけが残る。

二元を超えた光へと、戻っていくために

影がある以上、それは光へと照らされたがっては
また、出てくるもの。
光があるから影ができるのではないのです。
その影を、無意識のうちに無意識の中に
押し込めようとしていたことに、
光があたっては、はじめて気が付く私です。

現象的には、混乱にも悪にも見えるかもしれませんが、
本当のところは、機会であり祝福だと知っている
私がここにいます。

今の時代は、もう自分の内側にあるものは

どんどんとごまかせなくなっていますね。

ごまかす気なんてなかったのは知っています。
それでもやっぱり自分のものだと認めるのが恐かったんです。

今、自分の中にある、あれやこれはもちろん、
自分の見る、あれもこれもすべて、
やっぱり自分のものだとすっかり認めます。

そして、光に照らされては浮き彫りになった影を、
私は抱きしめます。

光と影という、二元を超えた光へと戻っていくために。
あなたと私という、二元を超えた愛へと戻っていくために。

ごめんなさい

ありがとう

ゆるしてください

愛しています

人生は冒険の海

いつもよりはやく目が覚めて、
まだ弱い新しい光を浴びては思う。
人生は冒険の海だと。

心一杯に甘い感情が広がり、
「ありがとう」と無言で叫んでみる。
ああ、いいね！

私は私という帆船の舵を取り、
同時に海原を流れる風に従うことをよろこぶ。

その不自由が自由を意味することを、

あなたは知っているか?
その逆も。

それにしても今朝は、
日頃忘れ去られている小さなものにまで目が届く。

午後の光だとそうはいかない。
夜のそれならなおさら

自分には嘘をつかないような生き方をしたいね！

自分にとって本当のことを言うことで、嫌われることもあるよね。
私は子供の頃からそうやって生きてきたし、
今もその覚悟で生きています！

誰にでも好かれたいと思わないわけじゃないけれど、
そのために自分の表現したいことをやめたりはしない。

仕事のことを考えたら、余計なことは言わずに
黙っていた方がいいことも多いのはわかっている。
それでも言っちゃう私だからこそ、お役に立てる人たちもいる。

ところで、自分が他人のこと悪く思う程度に

他人から悪く思われるのは当然！
というのは覚悟しておいた方がいい。

そして、あなたの言う悪口が
どんなに正しくて、相手が間違っていたとしても、
送り出すエネルギーは同じかもしれないということも、
思い出せるといいね。

自分はどんなエネルギーを送り出している？

自分はハートがオープンで、ニュートラルなつもりでも、
相手には攻撃的に映る場合もあるし、
自分の隠された攻撃の意図に無意識なだけで、
それが相手に伝わっている場合もある。

さてさて、
今日の私は？

せめて、自分には嘘をつかないような生き方をしたいね！
嘘をついている時に気づけるような自分でいたいね！

何かの出来事が、あなたを暗い気持ちにさせたりするのなら

もしも、何かの出来事が、
あなたを暗い気持ちにさせたりするのなら、
まずはその気持ちをしっかりと認めて
感じてあげることからはじめてみよう。

それから、その向こうに
どんな思い込みがあるのか発見してみよう。

準備ができたら、
今度はその感情や思い込みに関して
「時間を取って」扱ってみよう。

感情的だったり、隠された思い込みが強固であるのに、
無理矢理ポジティブに変えようとすると、
その気持ちは、
心と体の奥深くに埋め込まれては、あなたの中に残る。

しっかりと今ある感情を感じたり、
どんな思い込みがあるかを認識した上で、
それを変容させるために「時間を取る」。

そのことで、あなたは自分や他人、
世界に関しての本当のことへと
戻ってくる確率が上がるだろう。

世界はやさしいところで、
いつだって完璧なことが起きていて、
希望とは、未来ではなく、いつだって
あなたの心の今ここにある、という

本当のことへと。

依存的な気持ち

これまで何度も伝えてきたことだけど、また言うね。
「依存は悪くない」「依存的な気持ちがあってもいい」
私はそう思う!

依存的な人に厳しかったり、嫌ったりする人は、
自分の中にもそれがあるということに気づいておらず、
ゆえに統合できていないからなんだよね。

それは、幼い頃に依存的であることを親に許容されず、
たっぷり依存して面倒を見られるべき時期に
「自立」を強いられ、
依存的な自己を下意識の中に埋め込んで、

抑圧していたということね。それが影になっている。
依存心、あっても仕方ないじゃない！
だってあるんだから！

もし、自分が依存的で、何かや誰かに
頼りたくてたまらないってことに気づけたら、
それはそれで祝福だよ。だってさ、
そんな自分をそのまま認めて愛することの機会が
生まれたということだから。

ちょっとそこの、依存してくる人に厳しいあなた！
別にあなたはその人を助けてあげなくてもいいんだよ。
面倒見なくてもいいんだよ。嫌わなくてもいいんだよ！
いつだって、自分の居心地悪いこと、
嫌なことにノー！と言っていいんだよ。

相手に共感してやさしい気持ちでいると、
ノーと言うことのハードルは確かに上がる。
そんな時はね、神様の仕事を
あなたが引き受ける必要はないことを覚えていて！！

あなたは、あなたにとって本当のことにだけ、
イエス！と言えばいい。そして、あなたがノーと言う時にも、
やさしい気持ちでい続けることはできるという可能性に、
オープンでいてみて欲しいです。

不純の正体

私は自分自身の中に、
純度100％の自分を生きていないところが
あることを知っている。

ずる賢く、損得勘定で動き、人よりいい思いをしたいと思う
自分がいることを知っている。

宇宙を信頼せず、未来を心配し、
なんとか自分の力で生き残らなければならないと
信じている自分がいることも知っている。

人の幸運を祝福しきれずに、

嫉妬していることを認めるのが嫌で、
他人をジャッジしては偽りの安全を確保しようとする
自分がいるのを知っている。

密かに自分が不十分だと感じていることを隠し、
その裏返しの優越感を感じたいがために、
他人を劣ったものとしたがる、自分を知っている。

その不純さの正体は何かと言えば
私の中にいる小さな怯えた子供だ。

その子はいつだって、ここには十分あることを忘れ、
いつだって愛されていることを忘れている。

「だから人より」「だからもっと」とジタバタしては
本当を生きない。
そんな自分をひどく愛しく感じることもあるとともに、
私の胸に神聖な憧憬もまた宿る。

愛の流れの中に、
神の流れの中にあることに、気づき続けては、
自分もまたその一部であり、
全部であることを知ったところから、生きること。

私にとっての純度100％とはそういうこと。

それは何より、自分を裏切らないことからはじまる。
どんな自分も裏切らないことからはじまる。

そして、親や他人や広告や社会常識よりも、
自分の体感から来る「イエス!」を信じて選択することだ。

それが上達する一番の方法は、
間違える自分の存在をゆるすこと。
同時に「間違い」なんていうものはないということを知ること。

私たちはいつだって完璧な流れ、宇宙の采配の中にある。

はじめ、注意深い必要があった選択は、
いつか努力なき流れとなり、あなたはその中で踊りはじめる。

「私」が小さくなり、ひとつが残る。

一年に何度も足を運ぶことのない、深夜のファミリーレストランで、はじめての本の第二校をチェックした。

私の本が出る。

それは多分、子供の頃からずっと夢を見ていたことでありながら「自分に起きるはずがない」と、無意識のうちに思っていたことで、こうして校正をしながらも、どこか真実味を感じられていない自分がいる。

私はコーチとしてヒーラーとして、クライアントさんが本を出すことを実現するのは助けてきたのに、だ。
いつだって自分のことは後回しだったのだ。

そんな私が、「本を出したい」と本気で思いはじめたのは2015年のこと。友人が通っていたのを見ては、ベストセラーを出すための出版講座へと通った。

そして私が得たものは、同じ志をともにする仲間の輝かしい成功と、自分自身の可能性への絶望だった。

「私の書くものは求められていない」

少なくても商業出版という枠の中では、この冷淡な事実を認めないわけにはいかなかった。講座に通いながら私は、社会に求められる売れるものに迎合したものを書いてみようかという気持ちにもなった。

そしてそれはあまりにも「私」ではなかった。
できなかった…。
「いっそ自費出版で本当に好きなことを書こう」

そう考えていた矢先に、知人の紹介で出会ったのが、Clover 出版の小田編集長だった。
お目にかかる約束をした場所は、あらかじめセッティングされていた別の場所が使えなくなったということで、新宿の某ホテルのラウンジになった。

2016 年の 3 月のことだった。

そこは私が母と別れた父と過ごした、数少ない思い出の場所でもあった。当時日本で最高層のホテルで、38 階に泊まったということが自慢だったことを思い出した。

素敵な予感がした。

はじめてお目にかかる、小田編集長はとてもお洒落でとてもシャイであまり目を合わせることなく、「私の本を出したい」と言ってくれた。

会う前に私のブログに目を通しては、そのつもりでこの場所に足を運んでくれたのだった！　そのシャイさとは不釣り合いかのような、パステル色の混じったニットのタイが紺色の上着によく似合っていた。

半信半疑のまま私は、Clover 出版から本を出すことに同意をした。

なぜ半信半疑だったかって？　小田編集長が信用できなさそうな人に見えたわけではない。私はその夢にも見るような出版という事実が、わが身に起きるということが信じられなかったのだ。

そして、お目にかかったその日かその次の日には、印税の割合も明記された契約書のたたき台が送られてきたのだ。

「本気なのか？」

しかもその本は、私がこれまでフェイスブックやブログや様々なところに書いた文章をまとめるものになる、と云う。つまり私の言葉がそのまま本になるということなのだ！

前出の出版塾に参加したおかげで、実際書店に並ぶ商業出版をするためには、ある程度「型」のようなものの中に自分をはめなければならない、と信じるに至っていた私にとって、それはなんだか本当に夢のように思えたのだった。

当初は、私が自分の書いたものたちの中から選んではまとめる予定だった。しかし1年半過ぎてもそれは一向に進まず…、と他人事のように語っているが、つまり私は全く何にも手をつけずにただただ時間だけが過ぎていったのだった。

そして私はある日サレンダーしては、この本にどの文章を載せるのかを、全て編集長に一任することにした。

実際、本にするであろうよりも多めに選ばれた、実際に自分が過去に書いた文章たちを読んで私は、不思議な違和感の中にいた。

それはプロフェッショナルにヘアメイクをしてもらった後の、鏡の中の自分を見るような類いのうれしい違和感だった。
第一校が上がってきたとき、ゲラの上、同じコピー用紙に書かれていた文字に、

「綜海さんの文体自体がコンテンツです。
なるべくそのままで出したいです」

と書いてあった。

そうなのか。

文章を読み返すと見えてくる「アラ」や、文脈の中に現れる矛盾を全部綺麗に整えたいという衝動を収めては、言葉や文章の直しは最小限にとどめた。

この本は私が数年、いやもっとかも知れない、をかけてコツコツと書き綴った生のものを、ほぼそのままに描き出したものとなった。

それがこうしてまとまることで、違う価値が現れた。私はその意図していなかった新しい価値を眺めては、他の誰かと一緒に何かを創ることの面白さを味わっている。

それも含めた私が伝えたかったことが、やっとあなたに届く。
子供の頃から愛してやまなかった「本」という形を通して。

ヒーラーという意識になって 23 年。
たくさんの美しい魂に出会わせてもらってきた。

それは癒す者も癒される者もない、ということを知ることでもあり、その場所から表現し続けることでもあった。

今、初出版にあたり、家族をはじめ、様々な人たちへの感謝を感じながらも、もしもこの本を誰かに捧げ、感謝を伝えようとするならば、やはりそれは私をヒーラーとして生きさせてくれたクライエントさんたち、生徒さんたち、以外にはいないのだ、と静かに感じ入っている。

本郷綜海

装丁／冨澤崇（EBranch）

校正協力／阿部千恵子

編集制作DTP & 本文design ／小田実紀

あなたがここにいることの意味

初版 1 刷発行 ●2018年 5 月25日
　　 3 刷発行 ●2018年 7 月12日
新版 1 刷発行 ●2020年1月22日

著者

ほんごう そ み
本郷 綜海

発行者

小田 実紀

発行所

株式会社Clover出版

〒162-0843 東京都新宿区市谷田町3-6 THE GATE ICHIGAYA 10階　Tel.03(6279)1912　Fax.03(6279)1913
http://cloverpub.jp

印刷所

日経印刷株式会社

©Somi Hongo 2020, Printed in Japan
ISBN 978-4-908033-54-4　C0011

乱丁、落丁本は小社までお送りください。送料当社負担にてお取り替えいたします。
本書の内容を無断で複製、転載することを禁じます。

本書の内容に関するお問い合わせは、info@cloverpub.jp宛にメールでお願い申し上げます

※本書は、2018年5月刊行『あなたがここにいることの意味』(弊社刊・産学社発売)の復刻・
　再刊行版です。